Heibonsha Library

平塚らいてう

JN116136

平凡社ライブラリー

Heibonsha Library

平塚らいてう

その思想と孫から見た素顔

奥村直史

平凡社

本書は二〇一一年八月、平凡社新書として刊行された
内容に増補・改訂を加え、副題を改めたものです。

目次

凡例

一　本書では、直接私・直史が接点を持った場面では「祖母」と表記し、社会的活動についての記述については「らいてう」とした。「らいてう」という名前を使う以前の幼少期については、「明」と記した。

一　『平塚らいてう自伝――元始、女性は太陽であった』全四巻（大月書店、国民文庫）からの引用は〔第一巻一〇頁〕を（1-10）と表記し、『平塚らいてう著作集』全七巻＋補巻（大月書店）からの引用は〔第七巻七〇頁〕を（7-70）と表記した。

一　引用にあたっては、読みやすさを考慮し、一部語尾などを変更した箇所がある。

一　引用中の〔　〕は本書の著者による補注である。

はじめに

元始、女性は実に太陽であった。真正の人であった。

今、女性は月である。他に依って生き、他の光によって輝く、病人のやうな蒼白い顔の月である。

さてここに『青鞜』は初声《うぶごえ》を上げた。

現代の日本の女性の頭脳と手によって始めて出来た『青鞜』は初声を上げた。

女性のなすことは今は只嘲りの笑を招くばかりである。

私はよく知っている。嘲りの笑の下に隠れたる或ものを。〔以下略〕

今からちょうど百年前、一九一一（明治四十四）年九月に雑誌『青鞜』は創刊された。当時二十五歳の平塚らいてうは、その「創刊の辞」の冒頭に、右の叫びを上げた。

明治の末年においては、女性は、いまだ〝家の跡取りを生む機能〟とのみ見なされていた。明治の女性には「おんな」という「奴隷的生活」しかないことを、らいてうは悟らざるを得なかった。女性も、自我を持った一個の独立した〝人間〟であることを主張したのである。女性の復権を願い叫んだのであった。

後に、らいてうは「世の婦人たちへ」（一九一三年）において、「愛なくして結婚し、自己の生活の保証を得んがために、終世ひとりの男子に下婢として、売春婦として侍しているような妻の数は今日どれほどあるか知れないでしょう」と書いた。これが当局の忌諱にふれ、警視庁高等検閲係から出頭を命じられることとなり、「日本婦人在来の美徳を乱す」として厳重注意を申し渡されたのである。

それ以後も、らいてうは一九七一（昭和四十六）年に歿するまで、明治・大正・昭和をとおして六十年にわたり女性と子どもの社会的権利を主張した。現存の社会は、「力の支配による男性文化」であると批判し、「男性中心の文化――生命の原理に反した文化」の転換を訴える。「生命の原理」すなわち「母性」を尊重し、反戦、反核、平和を叫び続けてきた。

祖母・平塚らいてうと私

祖母・平塚らいてう（戸籍名明《はる》）は、一八八六（明治十九）年二月十日、東京市麴町（現・東京都千代田区麴町）に生まれ、一九七一（昭和四十六）年五月二十四日に八十五歳で歿している。

太平洋戦争敗戦の翌々年、一九四七（昭和二十二）年春に、祖母は、祖父・奥村博（一九一六

〔大正五〕年に博史と改名。以下、本書では博史と表記）と共に、疎開先であった茨城県相馬郡小文間村字戸田井（現・取手市戸田井）を引きあげた。常磐線取手駅から二里ほど入った片田舎である。この地での五年にわたる疎開生活をたたみ、以前の住まい、東京都世田谷区成城町三六四番地の家に戻る。小田急線「成城学園前」駅から歩いて二分のその家で、祖父母と父・敦史《あつぶみ》、母・綾子、それに孫・直史（筆者）を含めた五人家族の生活が始まった。その時祖母は六十一歳、祖父は五十六歳、直史は二歳であった。

その後一九四八年と五一年に弟が生まれ、祖父母、父母、我々兄弟三人、合計七人の成城駅前の家での生活がしばらく続いた。駅前がしだいに騒がしくなり、特に隣にパチンコ屋が出来るに及んで、五八年に同じ成城町の北西はずれに越すと、今度は、同じ番地にある一角違いの二軒の家に分かれる。祖父母二人の家と、父母と兄弟三人の家とに分かれはしたが、しばしば行き来はあり、特に祖父・博史が亡くなった六四年春以降は、晩御飯は、祖母が我が家へ来て一緒に食べるか、祖母の所へ届けるか、という形が続いた。祖母が八十五歳で亡くなった時、私・直史は二十六歳であった。

祖母の名

平塚明は『青鞜』創刊号に「創刊の辞」を書いた時、ただ「らいてう」とのみ署名した。人里離れた雪線以上の高山に、氷河時代から生息するという幻想の鳥「雷鳥」への憧れから付けた名である。以後『青鞜』には、すべて「らいてう」という名だけで寄稿している。「平塚」という姓をあえて使わなかったのは、父母への配慮もあったし、「家制度」に対する反発の思いもあったに違いない。

一九一三（大正二）年に初めて出した評論集『円窓より』（東雲堂書店）は、注意処分を受けた「世の婦人たちへ」が載せられており、すぐに発売禁止処分になった。その表紙にも「らいてう」とだけ記されている。

『平塚らいてう著作集』補巻の著作目録を見ると、『青鞜』以外への最初の寄稿は、一九一三年一月号の『中央公論』に掲載された「新しい女」である。その本文には「らいてう」とのみ記されてある。しかし、雑誌巻頭の目次には「平塚らいてう」とある。祖母の書いた原稿には「らいてう」とだけあったのを、編集者が目次を組む時に「平塚」姓を付けたのかもしれない。「平塚」姓を付けられることに祖母は抵抗を感じなかったのだろうか？　もっとも、新聞には、それ以前から「平塚明」「平塚明子」「平塚らいてう」、時に「平塚雷鳥」という名でさんざん報道されていたのであったが。

やがて、祖母は〝平塚姓〟を冠した名前を、自分でも使い始める。

一九四二（昭和十七）年に戸田井へ疎開した時の転居通知には「奥村明（筆名 平塚らいてう）」

とある。これが「奥村明」という名前が公表された最初であろう。一九一四年以来、「共同生活」をしてきた博史との関係であったが、四一（昭和十六）年に二人は婚姻届を出したのである（一五二頁参照）。

一九六四（昭和三十九）年の博史の葬儀通知には「平塚らいてう」とあるだけで、「奥村明」とは書いていない。それを見て「まだ、籍に入っていらっしゃらないのですか？」と聞く人もいた。「奥村明」という名刺を使ったこともあるようだが、祖母は「奥村明」より「平塚らいてう」という名前の方が近しく感じていたのかもしれない。

それでも、祖母が作った川崎市の春秋苑の墓石には、祖母の筆によって「奥村家」と彫ってある。祖父と祖母はそこに眠っている。

祖母の「家」に対する思いには、若い頃の、壊したい、逃れたいという思いと、四十代半ばを過ぎた頃から生まれてきた、祖先との繋がりの中にある自分、という思いとの両面があり、錯綜していた。祖父母は、関ヶ原戦後三百四十年にあたる一九四〇（昭和十五）年に古戦場跡に建てられた、遠い祖先「平塚為広」の記念碑建立の式に出席しているのである。

祖母への視線

祖母が「平塚らいてう」というペンネームを持ち、社会的に活動していることは、小学校に入る頃から知っていた。しかし、私にはあくまで「おばあちゃん」でしかなく、晩御飯の時には、部屋から出て来て一緒のお膳につくが、その他のほとんどの時間は自分の部屋にこもって、何をしているのか私にはよく分からない人であった。

一九五五（昭和三十）年小学校五年の時、祖母の『わたくしの歩いた道』（新評論社）が刊行され、同級生の書店の棚に並んでいるのを見つけて、誇らしいような、恥ずかしいような、不思議な印象を覚えたのを記憶している。祖母の部屋には『わたくしの歩いた道』をはじめ「らいてう著」と書いてある本が幾つか並んでいたが、なぜか開くことがはばかられた。

大学の図書館で『わたくしの歩いた道』を目にして、それを初めて開いたのは十八歳の時である。そこで〝森田草平〟のことも、〝若いツバメ〟のことも初めてしっかり知った。「元始、女性は太陽であった」という言葉は、いつの間にか頭に入っていたが、この全文があんなにも長く、しかも大変難解であるのにびっくりした。それとともに、「こんなにも、熱のこもった文章を書く人だったのか！」と、新鮮な思いで改めて祖母を見つめ直したことを覚えている。それでも、これ一冊を読んだだけで、それ以後祖母の著作を追うことはしなかった。

祖母の歿後、私が三十歳代半ばの頃、祖母の『自伝』や『著作集』をまとめてくださった小林登美枝さんと電話でお話しする機会があった。「おばあさまの著作を読んでいますか？」と言われたが、本を手に入れてはいたものの、私はほとんど開いていなかったのである。祖母は当時の私にとってなんとなく遠い人であり、私は祖母とは離れた自分の生活を作ることばかりを考えていた。

一九九八（平成十）年五月、祖母の記念碑が、神奈川県茅ヶ崎市の駅近くの「高砂緑地」に建てられた。茅ヶ崎は、『青鞜』創刊の翌年、後に夫となる奥村博史と出会ったゆかりの地である。記念碑建立の推進役の一人、小林登美枝さんに遺族として挨拶することを頼まれた。父が手術をした直後で出席できなかったため、その代役を務めたのである。正直、私はその時、祖母を「遠い昔の人」と思っていたから、それほど大きな集まりを想定してはいなかった。それでも、挨拶を仰せつかって、おっかなびっくり、緊張して出かけた。

ところが、高砂緑地に着くと思いもかけないほど多くの人が集まっているのに仰天した。大きな映画撮影機までセットされていたのである。三百五十人以上の人が集まる中に立たされ、身はすくむ。と同時に、平塚らいてうという存在が、今でもこんなに多くの人びとの心の中に生きており、熱い視線が注がれているという事実が、私を大きく揺さぶった。らいてうの孫という自らの立場を、見つめ直さざるを得なくなる。これを契機に、私の視線は祖母へと向かうようになった。

私が、祖母の著作をしっかり読んでみようと思ったのはその時からであり、今から十数年前、五十歳を過ぎてからということになる。『自伝』、『著作集』を読んでみて、筆を通して現れる祖母の姿にびっくりした。私の見知っている家庭生活での私人「奥村明」としての祖母と、「平塚らいてう」として社会的に発言し、活動する姿とは全く別物であることに、今さらながら驚いた。それ以来、この二つの姿を含めた祖母の全体像を求めて、私の〝祖母探し〟が始まったのである。

以後十数年、祖母との思い出を掘り起こし、振り返るとともに、著作を通して見えてくる、それまで私が知らなかった祖母の姿を集め、撚《よ》り、紡ぎ、織り合わせてきた。

私は、「女性史」や、『青鞜』を専門的に研究する立場ではない。ただ、直接らいてうに接した者がほとんどいなくなった今、活字からだけではなく、日常の祖母とのやりとりを体験した者として、祖母・らいてうを考えてみたかったのである。

ここにまとめたものは、孫の立場から祖母を把握し、理解し、確認するための、私なりの試みである。

序章　祖母・らいてうとの生活

らいてうの寝顔（1925年頃、画＝奥村博史）

《平塚らいてう＝奥村明の家族関係》

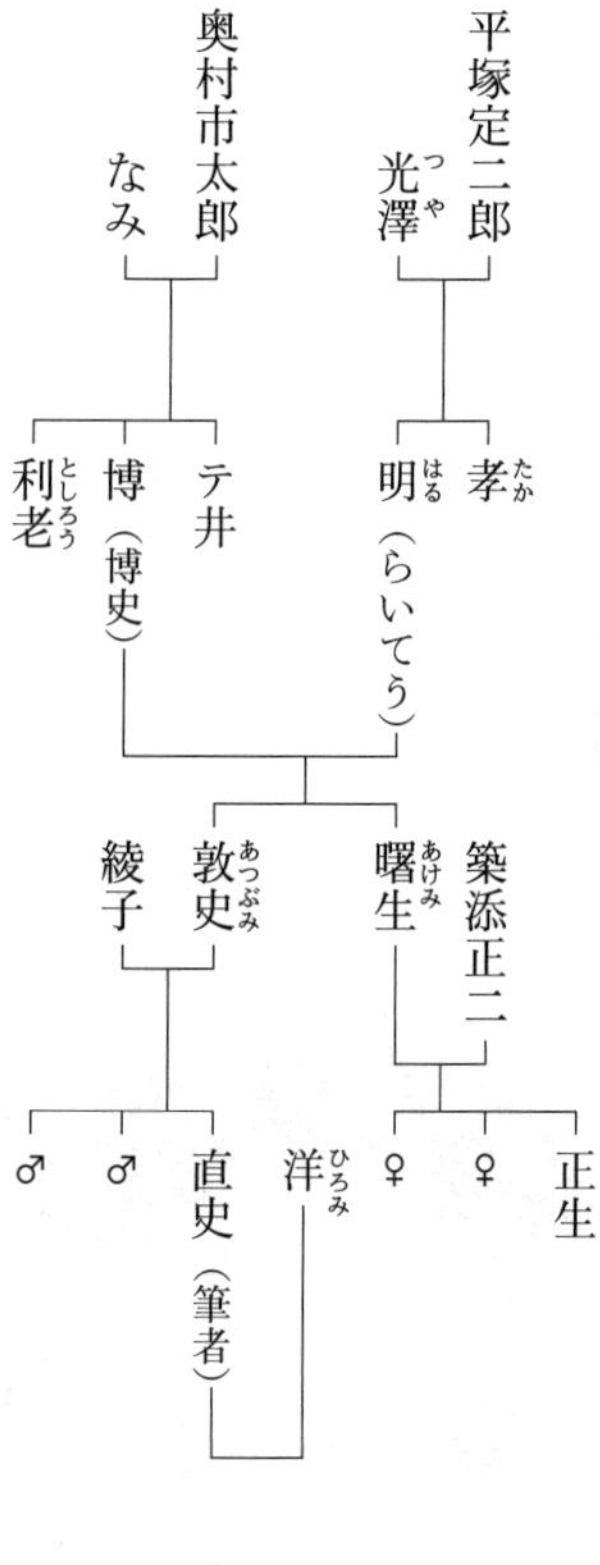

舞台で描かれる姿と、現実の姿は大違い

二〇〇六年、東京新宿の紀伊國屋ホールで、宮本研作、木村光一演出の『ブルーストッキングの女たち』が上演された。登場する女優の中で一番大柄に見える女優・かとうかず子がらいてう役である。彼女は大股で歩きながら胸を張って、良く通る声で、「元始、女性は実に太陽であった。真正の人であった。……」と、朗々と力強く訴える。一方、はるかに小柄な女優・佐古真弓が尾竹紅吉＝富本一枝を演じていた。

実在の人物をモデルとしても、演劇は実際とはちがう全くの「創作物」であり、モデルとの異同は作品の価値を左右するものでないことは承知している。しかし、祖母・らいてうと日常生活を共にした私からすると、舞台に登場するらいてうの姿と、私の知る祖母の姿との隔たりの大きさに、やはり驚愕せざるを得なかった。

この舞台で描かれる、大柄で、俊敏活発で、押しが強く、声も大きな、威風堂々とした姿が、一般にマスコミをとおして作り上げられ、描かれてきた平塚らいてう像であったと言ってよかろう。

確かに、らいてうの書いた「元始、女性は実に太陽であった」とか「自分は新しい女である」という言葉は、「抑えつけられ」「飼いならされ」た社会的自己の枠を破ろうとする強烈なものであり、その叫びに込められたエネルギーの迸《ほとばし》りは桁はずれて大きい。そうした平塚らいてうの著作や社会的活動に基づき生まれてくる姿形を、かとうかず子は鮮明に示していた。しかし、それは、日常生活における祖母の姿とは、とんでもなく食い違うのである。

実際の祖母・らいてうは小柄で、ひ弱で、大きな声が出る人ではなかった。富本一枝さんは、成城の隣町祖師谷にお住まいで、年に何度か祖母を訪ねてくださり、しばしば季節の花を両手に余るほどいっぱいお持ちくださった。黄色のフリージアをたくさんいただき、それを祖母の部屋の白磁の大瓶にあふれるように飾った時、部屋全体が、急に春めいた空気に変わったことを覚えている。私のお会いした富本一枝さんは細身ではあるが一六〇センチをはるかに超える大柄な人であり、いくらか甲高い声で表情豊かにお話しになる、爽やかな方だったと記憶する。劇『ブルーストッキングの女たち』に出てくる小さめの佐古真弓の姿とは大違いである。

小柄・ひ弱な人

祖母の身長は、いくらか低めで、五尺には届かなかったから、一四五センチあるかなしかである。学校保健統計調査によると、一九〇〇（明治三十三）年の日本人の平均身長は、十七歳で男子一五七センチ、女子一四七センチである。祖母は、明治生まれの人としても、平均よりいくらか小さなからだであった。足袋は疎開して農耕作業をする前は八文だったと自伝に書いているから、一九・一センチしかなかったことになる。最近の女物の靴は二二センチからであるから、子供用のサイズしか合わないことになる。手袋も「子供用の物しかあわず、良い手袋を買ってやれなかった」と祖父が手帳に書き残している。太ってはおらず、頭もいくらか小さめで、肩幅もほっそりしており、骨組みもきゃしゃで、全体に小作りな人であった。祖母の姉・孝《たか》は細身ではあっても祖母よりはるかに背は高く、おそらく一〇センチ以上の身長の差があったであろう。

ちなみに、祖父・博史は、身長一七〇センチ台半ばはあり、靴は二六センチ、大きな分厚い手をもち、頭は大きくがっちりしており、明治時代には大男の部類に属したに違いない。祖母と並んで立てば、まるまる頭一つ違うほどの差があった。大正の初めに新劇の舞台に何度も立っており、声も大きかった。アンデルセンの『青い鳥』の日本初演では、子役の水谷八重子（初代）のチルチル、夏川静江のミチルのお父さんとお祖父さん役の二役を演じている。

大きな声が出ない

祖母は大きな声は出なかった、と言うより、出せなかった。食事時、お膳を囲んでの会話に不自由することはなかったが、いつも声は小さく、くぐもっており、いくらか低い音調であった。それは幼少期からのことであったようで、自伝には小学校三年生の時のこととして次のような記述がある。

「受持の先生は二階堂先生といって、色黒で鼻が高く、中背のがっちりした好青年でしたが、大きな声で子どもたちの名前を呼びつけにします。そのときこちらも、大声で「ハイッ」と、すぐ元気よく答えないと叱られるのでした。〔中略〕声の小さいわたくしには、なによりもこの「ハイッ」という返事がにが手で辛いことでした。授業時間ちゅうに先生の質問に答えるときも、「もっと大きな声でいえ」とやかましくいわれるので、それが厭さに、わかっていても手をあげないようにしました。声が思うように出ないことの憂鬱さが、このころから、はっきり意識されるようになりました」(I-74)

大声を上げることは全く出来ない。少し離れた人へ呼びかけても、声は届かなかった。遠くにいる人へ呼びかけるには祖母の声は全く役に立たず、手を叩いて合図するのが常だった。母が買い物に出ようとするところを、窓を開けて手を叩いて呼び止め、振り返り戻る母に用事を頼むという場面がしばしばあった。

それは、いかにも尊大で威圧的な人間関係として一般には受け取られそうである。実際、母は「嫌だった!」と言っていたが、しかし祖母は人に呼びかけても声が届かず、そうしたコミュニケーションの方法をとらざるを得なかったのであろう。人を見下したわけではなく、声が出ない中での生活の知恵として身につけた祖母なりの方便だったと私には思える。

電話も祖母には難儀であった。受話器にかじりつくようにして必死に話しても、祖母の声は大きくはならず、伝わらず、最後は母が代わって用を足すこともたびたびあった。

記録によると、大きな集会での話は、原稿を他の人に代読してもらうことが多かったようだが、それでも原稿が間に合わず直接祖母が講演した時もあったと記されている。だが、果たして何人の人に祖母の話は聞こえたのであろうか？

3人の孫と、らいてうと博史（1955年頃）

「元始、女性は太陽であった」をはじめとして、文章においての表現は極めて率直、明快、力にあふれ、歯切れ良く、時には大胆、苛烈であり、勢いを伴っている。だが、それはあくまで筆を通した表現であり、他者に直接働きかける生身の〝声〟でのコミュニケーションにおいては、全く事情は違ったのである。

力も乏しい

私の知る祖母には、全く肉体的強靭さは感じられなかった。それは、六十歳を過ぎたからというだけではなかった。祖母・らいてうの一つ年上の姉・孝は昭和十年代から戸田井の藁葺きの家に住んでいた。私が小学校低学年の頃訪ねた時、大伯母・孝の生活ぶりにびっくりした覚えがある。襷《たすき》がけした大伯母が、土間にある手押しポンプを勢い良く押して水を汲み、竈《かまど》の前にしゃがみ込んで薪をくべ、時には下駄履きの足で薪の端を蹴込みながらご飯を炊き、庭に埋《い》けた大きな瓶の中に力強く網を差し入れて鮒をすくいあげる様は、祖母のおっとり、ゆったりした、むしろ鈍重で物静かな動きとはとてつもなく違った。祖母の襷がけの姿を私は思い出せない。

風呂での転倒

祖母と風呂に入った記憶は、そう多くはない。同じ家に生活していても、祖母は自分の部屋で過ごす時間がほとんどであり、もともと接点は多くはなく、一緒に遊んだ覚えも全くなかった。がさつに動き回る我々男の子とのやりとりが、体力的にもむつかしかったという事情もあったのかもしれない。

私が五、六歳くらいの頃だったと思う。珍しく祖母が我々兄弟を風呂に入れてくれたことがあった。当時の我が家の風呂はコンクリートのタタキに一〇センチ弱の高さしかないスノコを敷いただけであり、同じタタキの上に置いた小判形の檜の風呂桶の縁までは一メートル以上の高さがあった。湯につかるためにはスノコの上に置かれた踏み台に上がり、さらに風呂桶の縁をまたいで入らねばならなかった。弟が二、三歳の頃であり、一人では上がれない。祖母が弟を抱き上げて風呂桶の中に入れようとした時、よろけて後ろに倒れかかったのである。倒れかかったのが外開きの扉で、その時は運悪くその扉の鍵がかかっていなかった。はずみで扉は開いてしまい、祖母と弟は外のコンクリートの上に裸のまま放り出されるように転倒するしかなかった。弟はワッと大声で泣き出し、母がそれを聞いて風呂場に飛び込んできた。祖母を助け起こし、泥で汚れた体を流したが、祖母はしばらくうずくまっている。寒い時期だったのだろう。「おばあちゃん、お湯に入って温まってください」と言う母に促されて祖母は湯につかったが、手で頭を押さえながら目を閉じて、しばらくじっと湯につかっているばかりであった。祖母には二、三歳の子を風呂桶の縁まで持ち上げるだけの力がなかったのである。

祖母にまつわる最初の記憶

庭に建つアトリエの西側の床下を覗くと大きなガマガエルが一匹いてびっくり、震え上がった覚えがある。それが私の思い出せる最初の記憶であるが、さて、いくつの時だったか？　時間は特定しにくい。二歳の終わり頃だったろうか？

今ひとつの記憶。何人かの男の人が寄り集まりピアノを玄関から家の中へ押し上げている。しかし重くてなかなか上がらず、家の前の糸綿店「桂屋」の若い男性店員が駆けつけ手伝ってくれる。アップライトピアノの前板が外してあり、中の弦やハンマーがむき出しになっており、その見たこともない作りが異様に感じられたことが、鮮明に思い浮かぶ。不思議と言おうか、奇妙と言おうか、私はびっくりして見入っていた。

母に聞くと、ピアノはそれまで別棟のアトリエに置いてあったとのことであり、庭先に建っていたアトリエを取り壊したのは昭和二十三年頃だと言う。アトリエを取り壊すにあたってピアノを移動した時の記憶だろうから、昭和二十年一月生まれの私にとっては、三歳頃の記憶ということになろうか。

しかしその頃の祖父母の姿は？　……全く思い浮かばないのである。

私の思い出せる祖母の最初の記憶は、我が家の〝ぼや騒ぎ〟に絡んだものである。茶の間に使っていた南向きの部屋は、もとは洋間だったが、その板床の上に絨毯を敷いて大きめの座り机をおき、それを囲んで食事をしていた。夜中に祖母がトイレに起き、煙に気付き「敦史起きて！　大変よ！」と大騒ぎ。父母が茶の間の扉を開くと中は煙でいっぱい、何も見えなかったという。大慌てでの消火作業。座布団が燻《くすぶ》って、絨毯も床もこがしていたのである。

翌朝のことであろう。祖母が「煙草を吸う時に擦ったマッチの先が座布団に飛んだのかしらねー！」と眼を大きくして、ため息をつきながら話していた。その時の表情と口調が私の記憶に残っている。これが祖母にまつわる私の最初の記憶である。

普段はいつも小声で、ゆっくり、やや低い声で祖母は話していた。あまり感情表現しない、おとなしい祖母だったが、この時ばかりは感情的に揺さぶられ大きな表情となり、声も大きめになって、それが印象に残ったのだろう。祖母は煙草が好きだった。アイヌ彫りの小さな木の箱に刻み煙草を入れていて、時々キセルに詰めては吸っていた。紙巻き煙草を吸うこともあった。

絨毯と床が丸くこげるだけで、炎が上がる前に発見できたから大事には至らなかったが、我が家にとっては大事件だったのである。後始末として、父が回し引きのノコギリでこげた床を丸く切り落とし、そこに鉄製の小さな火鉢を生け込んで上に炬燵のやぐらを置いて使えるようにしたのは傑作であった。その炬燵に足を入れて、弟と二人並んで眠ったことも思い出す。弟はちょうど三歳年下だから、ぼや騒ぎは四歳を過ぎた頃のことのように思える。一九四九（昭和二十四）年頃ということになろうか。

らいてうの自伝『元始、女性は太陽であった』の書き出しは、祖母（＝当時は平塚明）が、自身の祖母（八重）に「背負われている」場面である。大日本帝国憲法発布の日を祝う山車《だし》を祖母・八重の背中にしがみついて眺めている記憶が、明の最初の記憶だった。

しかし私には、小さい頃祖母に背負われた覚えはなく、抱いてもらったことも、遊んでもらったことも、何かを食べさせてもらったこともほとんど思い出せない。祖母にまつわる思い出はいささか貧弱である。かといって、怒られたり、疎んじられた記憶が特にあるわけでもないのだが。

今思い返してみると、同じ家に同居する生活ではあったが、祖父母との接点が、思いのほか少なかったからではないだろうか。

家族が茶の間に集まって、一緒に過ごす時間は、多くはなかった。祖父母が朝起きるのは遅かったから、幼稚園、小学校に行く我々の朝食は、祖父母と別だった。たしかに毎日夕食には祖父母もそろって食べるのだが、食事が終われば祖母は自分の部屋へ戻り、祖父は祖父の部屋で過ごすのがその頃の我が家の習いであった。食後におしゃべりしたり、祖父母と団欒《だんらん》して過ごす時間は多くはなかった。

いや、昼間も祖父母が茶の間に足を運ぶことは、何か特別な用事がある時だけであり、茶の間に座り込んで我々とくつろいでお茶を飲んだり、何かをしながら一緒に過ごすということはなかった。祖母が自分の部屋を出るのは夕食時と来客時だけだったと言ってもよかろう。

生活リズム

祖父も祖母もそれぞれ自分の生活リズムで生活していた。寝る時間も起きる時間もそれぞれ個人個人のリズムに従っていた。

父は教員だから授業にあわせて出勤し、帰りも遅いことが多く、晩御飯にそろわないこともしばしばだった。私をはじめとして兄弟三人は、幼稚園、小学校のリズムで活動し、祖父母はまた別にそれぞれのリズムで生活する、そういう家であった。

子どもや孫の生活時間に合わせる祖父母ではない。それどころか祖父母二人がそれぞれ、床につく時間も違い、したがって目覚めの時間も朝食の時間も違うことがしばしばだった。

祖父母がそれぞれの生活リズムに従って、寝る時間も起きる時間もバラバラに暮らしたのは、若い時代からのことであったようである。祖母の寝顔を描いた祖父のデッサン（二二頁）が残っている。父によれば、京王線の千歳烏山駅近くに住んだ頃の作品だと言うから、父が小学校の低学年であり、一九二五（大正十四）年祖母が三十代最後の頃である。祖父は当時、成城学園の絵画美術の教員となっていた。夜中、皆が寝静まった後にならないと原稿の書けない祖母は、締め切りに追われ徹夜の仕事となり、昼間に寝ることもしばしばだったのだろう。その寝顔を描いているのである。

ある女性が祖母の寝顔のデッサンを見て「大正時代に妻が夫に寝顔を見せるなんて、普通には考えられないことでしたよ」とびっくりしながら話してくれたことがある。どうやら祖父母の「共同生活」にあっては、祖母が評論執筆活動を、祖父が画業をもち、それぞれの活動のリズムにのっとった生活を各々が保持しながら一緒に暮らしていたようである。睡眠リズムのずれも若い頃から当然のこととして互いに了承していたのである。

私の記憶では炊事洗濯掃除を含めて、家事一切は私の母の肩にかかり、祖父母はそれぞれの関心・課題にかかり切りの生活だった。自室で祖母は本を読み、原稿を書き、祖父は指環（一般には「指輪」と書くのを祖父は、こう表記していた）を作り、時に絵筆やコンテを持つ毎日であった。

私にとっては生まれた時からそうした生活しか見ていないから、それが当たり前と思って育ったが、今思い返してみると、かなり特殊な家庭であったようである。一つ家で、同じ屋根の下に暮らす三世代同居の家族ではあるが、それぞれ各人の生活リズムがバラバラに平行して共在するだけであり、家族の一致協調したリズムは見出しにくい家だった。〝個人〟が大変尊重されているとも言えようが、それでも、一家の家事を一手に引受ける立場に立たされる母にとっては、それぞれの固有のリズムに常に合わせなければならず、母は他の人に振り回されるばかりで、自分のリズムでの生活が全く持てないことになる。

祖母の一日

歳を取ると目覚めが早くなると一般に言われるが、祖父母には〝老人性の早朝覚醒〟はなかった。宵っ張りの朝寝坊タイプである。祖母は六十歳を過ぎても原稿に追われると、夜中の二時三時まで起きていることも稀ではなかった。朝、我々子どもが起きる前に祖母が起きているということは決してなかった。

祖母は気分転換に散歩に行くということもない。買い物に出る祖母の姿を私は思い出せないのだ。庭にもほとんど出なかったように思う。野の草花を愛でる文章をいくつも書いているが、私が小学生の頃は、庭で花壇を見る祖母を見たことがない。いわんや、土いじりをする祖母の姿を見た覚えはないのである。少なくとも私の知っている戦後の祖母は、まったく部屋へ閉じこもったままの生活だった。部屋にこもって誰とも口をきかずに一日過ごしても、おそらく祖母はなんの不都合も感じなかったのではないだろうか。むしろ一人で過ごすことが好きな人だった。

父の話では、昭和十年代には「砧人会《ちんじんかい》」という地元の会合があり、祖母も時々出かけていたという。「砧人会」という名は、現在の世田谷区成城が、当時は北多摩郡砧村喜多見という住所表示だったことに由来する。この地周辺に住む中河与一（作家）、武者小路実篤（作家）、加藤武雄（作家）、柳田国男（民俗学者）、富本憲吉（陶芸家）等が集まる月例の会であった。祖父博史は熱心に毎月参加していたが、祖母も時々休むことはあっても、しばしば出席して皆と歓談したという。

母が言うには、祖母は中村汀女の指導する俳句のグループに戦後通っていた時期もあったようだが、私には会合に出かける祖母の姿はとんと思い浮かばない。戦前の砧人会は、私の生まれる前のことであり、俳句の会も昭和二十年代前半のことで、当時幼かった私の記憶には残っていないのかもしれない。

祖父が出かけたり、外出から戻ったりした姿はしばしば見ており覚えている。ホームスパンの上着にコールテンのズボン、それに黒いベレーという、祖父の外出姿が想い浮かぶ。

来客

来客はとても多かった。週に何度もあったように思う。『著作集』補巻の年譜を見ると、祖母は一九五三（昭和二十八）年に日本婦人団体連合会結成に伴い、初代会長に就いている。さらにその年の暮れに国際民主婦人連盟の副会長に推され就任した。それらの役職の関係で、外での会合が多々あったはずなのだが、私の記憶では、来客はべらぼうに多かったものの、祖母が外出することは極く稀でしかなかった。後に述べるように、「病身」と感じていた祖母は、外での会合への出席は最低限にして、多くは事務局の方達と自宅の応接間で相談することで、これらの役職をこなしていたのであろう。

客間の隣が子供部屋だった。私は小学校時代、自分から本を読みたいと思ったことはほとんどなく、静かに座りながら時を過ごすことは大の苦手であった。からだを動かすことのみが私にとっての子供部屋での過ごし方だった。弟と相撲を取り、チャンバラごっこをし、自分で作ったゴム輪鉄砲で人形やマッチ箱をねらう射的に興ずるか、ケンダマに熱中する毎日である。洋間作りだったこの部屋に小学校初め頃に畳を入れたが、あまりに畳の傷みが早いために母は畳屋と相談して〝柔道畳〟を入れたほどである。当然、静かにしていられるはずはなく、ドタバタ取っ組み合う音もするし、それに伴い叫び声も上がる。その最中に「お客さんが来たんだから、静かにして！」と母から声がかかることもしばしばだった。それが私にとってはとてつもないストレスだったのである。

どなたの文章だったか思い出せないが、祖母を訪ねた我が家の印象を「子どもがいるとは思えない静かな家」と書いてあった。それはとんでもない誤解である。たまたま応接間が一時静けさを保っていたのかもしれないが、その裏では祖母と母と我々兄弟との間で、来客には見えない軋轢《あつれき》があり、われわれ子どもたちのあいだには、鬱屈した感情が渦巻いていたのである。

祖母の部屋

昭和二年、小田急線が開通する少し前に家は建った。松林にススキの原の中にポツンと建った家は、当時としては大変モダンな洋間中心の作りだったが、私の知っている戦後昭和二十年代の頃には、応接間を除いたほかはすべて座り机での生活に変化していた。後年祖母が「洋間中心の生活だったけれど、一つだけある奥の六畳間に入って畳に座るとやっと落ち着いたわねー」と話したことがある。祖母はずっと畳の上に正座しての生活が欲しかったようである。

祖母の部屋は西の南、六畳ほどの部屋だった。入って左手にタンスがありその上に神棚が置いてある。祖母の姉・孝が持ってきたものだった。神棚といっても、一般の家に見えるような小さな屋代をかたどったものではなく、三〇センチほどの高さ、横は二〇センチほどの白木の箱の正面に少し凝った織物が下がっているだけだった。左右に榊を供え、前には素焼の器に水と米と塩が供えてあったか？　その程度の極めて簡素なものだった。祖母の部屋は両開きの洋窓が南に並ぶ部屋である。実はこの部屋も板張りの洋間作りだったが、絨毯を二重に敷いて和

戦後の家の間取り図（アトリエは1948年に取り壊し）

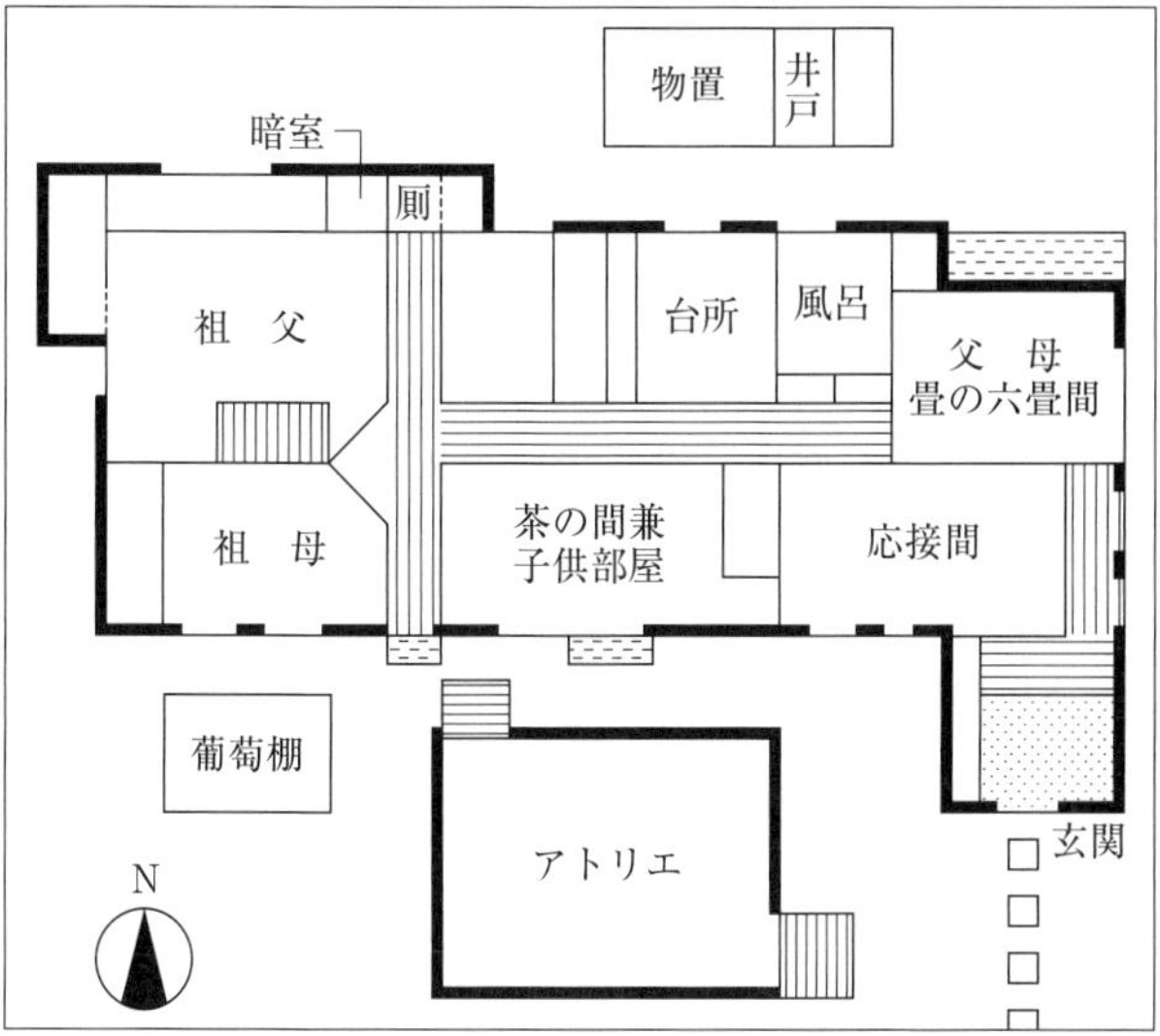

机に座布団の生活を祖母はしていた。

部屋の北側には本棚があり、そう沢山ではないが本が並ぶ。幼稚園や小学校の子どもの興味を引くものはほとんどなかった。ただ一つ覚えているのは、凶弾に倒れたガンジーの写真が載っている本である。インド独立の父マハトマ・ガンジーが殺されたのは一九四八年、その死の姿の写真が幼い私の心に残っている。おそらく祖母が「インドの偉い人よ、ピストルで撃たれて亡くなったの」とでも説明してくれたのだろう。「ガンジー」という名前と、横たわる上半身裸の姿は小さい頃から私の記憶に残っている。私にはただ「死んだ人の写真」ということが特別な意味をなし、怖いもの見たさのような思いで何度かその本を開いた覚えがある。

本棚に外国語の本は、あまりなかったと思う。国際民主婦人連盟の役員となってからは外国からの手紙が多数来るようになり、その切手をもらいに祖母の部屋を覗く機会が増えた。小学校高学年の頃、私は一時、切手収集に夢中になったのである。私のスクラップ帳には祖母からもらった百枚以上の切手が並んでいた。

着物姿

祖母の部屋の入口は閉まっていることが多く、気安くは入れなかった。その部屋をこわごわ覗くと、祖母は座り机に向かって読み書きしているのが常だった。足を崩したり投げ出したりしている祖母の姿は思い浮かばない。明治生まれの女性の多くがそうであったように、正座が無理なく身に付いている人だった。もちろん着物姿である。

若い頃の写真には洋装姿も多いが、私の知る戦後の祖母は一度も洋装したことはない。『自伝』には大正九―十（一九二〇―二一）年新婦人協会で活動していた時、対議会活動に奔走するのに動きやすい洋装に切り替えたと書いてあるが、それは本当は好みではなく、身になじんでいたのはやはり着物だったのであろう。

部屋に入ることを祖母にとがめられるようなことはなかったが、だからといって、特別大喜

祖母の自室にて（1955年頃）

びして歓迎してくれるわけでもなかった。部屋を訪ねても、特に相手をしてくれることはなく、いわんや遊んでくれることはなかった。祖母はいつもゆっくりしたマイペースを崩さず、子どもの私たちに合わせておしゃべりすることも、一緒に行動したり感情を弾ませたりすることもなかった。もともと表情は乏しく、感情表現少なく、しかも頭痛持ちであったこともあって、むしろ渋い表情でいることが多かったのではないだろうか。口を開けて大笑いした祖母の表情は思い出せない。

「ある母の手紙——富本一枝さんに」（一九二四年）において、祖母は自分のことを「わたくしの陰気な、寂しい、母としては確かに不適当な気質」（4-50）と書いている。実際、孫である私とのやり取りでも一緒にじゃれあい、楽しむという様子は見えなかった。したがって、私には面白いこともあまりなく、祖母の部屋に長居はしなかった。

祖父の部屋

祖父の部屋は祖母の部屋の北側、少し天井が高く、北側に大きなガラス窓があった。以前はアトリエとして作られていたからである。しかし、私の記憶ではここもすでに畳が入り、掘り炬燵が据えられ、日本間として使われていた。祖父は画家であるが、この時期イーゼルにキャンバスを据えて新たな作品に挑むというような姿は見えなかった。デッサンや旅先で描いたスケッチに手を入れている姿はたまに見たものの、炬燵に座って指環を細工していることの方が多かった。

祖父の部屋には色々なものが雑多に置いてあった。幾種類もの工作道具類があり、様々な釘があり、ネジがあり、ハンマーでも大きいのから小さなものまで何本もあって、それらの道具がきれいにいくつもの箱の中に整理されていた。使い込まれて黒光りするこれらの道具に目を輝かし、息をつめて見入った覚えがある。それらは指環作りに使うものや、その他、木や金属の種々の細工物に使う道具類だった。何種類かのノコギリもあり、げんのう、かんなというような大工道具もそろっていた。その他、油粘土があり、古い鳩時計があり、カメラが何台もあり、望遠鏡もあった。大きなルーペもいくつか並んでいた。銀のクルミ割りがあり、アイヌ彫りの鞘に納まった刃渡り二〇センチは優にある小刀もあり、しゃれた細工の折りたたみナイフもあった。

果物が好きな人で、そのナイフでリンゴや洋梨をむいて嬉しそうに食べていた。クルミやピーナッツも祖父の大好物であったから、時々はお相伴させてもらえたように思う。チョウチョの標本、大きな貝殻、貝の図鑑や写真集、それに絵の具箱にたくさんのスケッチブック等々。裸婦のデッサンが広げてあったりすることもあったが、すでになれっこで、特に興味を引かれることもなかった。

種々雑多なものがいくつもあって子どもには刺激的で興味深い部屋だったが、祖父も小学生の私をそんなに相手にしてくれる人ではなく、やはり長居はできなかった。

西側の向こうの二部屋には、それぞれの仕事に取り組む祖父と祖母が居ることは記憶にあっても、祖父母と直接やりとりした記憶は、思いのほか多くはないのである。

第一章　父・定二郎との「結びつき」と「離れ」

「親はわたくしを信頼しぬいている」

お茶の水女学校入学の頃（1898年）

家を失った立場と、家を継ぐ立場

平塚明（＝後の平塚らいてう）は、一八八六（明治十九）年二月十日に父・定二郎、母・光澤の三女として生まれた。第一子は早くに亡くなり、一つ違いの姉・孝と二人の姉妹として育っている。

定二郎の父、すなわち、明の祖父・為忠は、紀州家に仕える武士で、洋式の調練を受けた紀州兵の中隊長であったが、明治四年の廃藩置県により禄を解かれ、東京に出た。その時、為忠は若くして亡くなった先妻との間に生まれた長男と二人の娘に家屋敷、財産をすべて譲り、後妻の八重と、その間に生まれた二人の子ども、定二郎と同《あい》を連れ、全くの身一つで東京へ出てきた。為忠が平塚家に婿養子として入ったという事情が背景にあったらしい。明の父・定二郎が十五歳の時である。東京で為忠一家は従兄の津田出《いずる》を頼っている。為忠は津田家の執事を務めるようになり、定二郎も津田家の玄関番となった。

やがて定二郎は、陸軍会計局長を務める津田が仕事で使う、九段坂上の陸軍の施設「偕行社」の給仕の仕事をあてがわれる。そこで、陸軍ではドイツ語が重宝されていることを見聞きする。身を立てるために外国語学校に入学することを選んだ定二郎は、ドイツ語を読むだけでなく、会話力の向上にも精力的に取り組む。こうして身につけた語学力が認められて二十六歳で官界に入り、多くは会計検査院での仕事に就き、六十六歳まで四十年間勤務することとなった。

定二郎は、見知らぬ東京で、全くの無一物から自らの進むべき道を見出さねばならない立場であった。ドイツ語の語学力を唯一の〝たのみ〟にして、官界にあって生き残り、道を拓いて来た人である。そういう経歴を持つ定二郎が、明の父であったことは記憶されてよい。明は、自分の進むべき方向を、常に自らの意志によって選ぼうとする姿勢を貫いた人であった。そうした生き方の背景に、右に書いたような父の生き方が影響していたに違いない。

定二郎が十五歳で東京へ来た時には、故郷の「平塚家」とは、なかば縁を切った形であった。「家」という枠組みを外れて、社会生活を始めたのである。その後、ドイツ語の力を買われて、会計検査院院長の欧米への調査に一年半も随行し、一八八九（明治二十二）年に発布された大日本帝国憲法の草案起草に携わるようにもなった。さらに、陸軍経理学校で「会計学」を担当し、やがて東京第一高等学校のドイツ語講師を兼任するなど、官界において次第に地位を得たのである。

明が小学校三年生の一八九四（明治二十七）年には、当時はいささか辺鄙《へんぴ》な茶畑の中ではあったが、本郷駒込に六百坪の邸を構え、ある程度の社会的成功をおさめた。すると次第に、衰退していた故郷の平塚家からも、妻・光澤の実家である飯島家からも頼られ、縁者が次々やって来る。それらの人々の面倒を見、一緒に住まわせ、次第に定二郎は「平塚家」を守る役割を担うこととなっていった。

何もかも対照的な姉と妹

明の姉・孝は、私が高校生の時に亡くなったが、背も高く、声も大きく、動きも軽く、祖母とは対照的であった。幼少から、大きな声で上手に歌い、陽気で元気、感情的で「いわゆる子どもらしい子ども」であったと祖母は自伝に書いている。それに対して、明は「引っ込み思案でおとなしく、だんまり屋」であり、女学校へ通うようになっても、父の投網や釣りのお供で「びく持ち」をしたという。日ごとに女らしい雰囲気を持つようになる姉に比べて妹は「少年のような女の子」であり、しばしば「男の子だったら良かったのに！」という声が家族の中で交わされていた。

「父もあまりあからさまにはいいませんが、姉に対する期待とは違ったものを、わたくしに対してもっていたように思います」「わたくしのなかに男の子を求めていたのかもしれません」（I-94）と書いている。生来的な気質もあったに違いないが、こうした家族の発言も手伝ったのであろう。姉・孝には、〝平塚家の跡取り娘〟としての役割が期待されたが、妹・明には、それとは随分違ったものを期待する空気が家族の中にあった。

「男の子だったら良かったのに」という言葉の裏には、〝男なら〟高等学校、大学へも進み、学者にも、哲学者にもなれる、官僚にもなれる、そして、平塚家を相続できる、という期待があったに違いない。しかし、〝女だから〟それが出来ないという悔しさとあきらめが、父母の中にはあったと言えよう。

ジェンダー・フリーな雰囲気の中で育つ

女としての性役割を求められることが、姉と比べて少なかったため、妹・明は比較的ジェンダー・フリー（gender-free）な雰囲気の中で育つことができたのではなかろうか。自伝にはこんな記述もある。「父は、末っ子のわたくしがよほど可愛かったものか、暇さえあれば、わたくしの相手になって遊んでくれました」（I-49）。父の〝お気に入り〟と自分を感じていた子どもはやがて、父を理想として、さらに父に近づこうとする気持ちを大きくする。

一般には、女の子は第二次性徴を迎える頃には、父親に対して違和感や異質感を感じ始め、それまでより心理的な距離を置くことが多い。しかし、女学校に進んでも父と無邪気に親しみ、同一化しようとする心の動きが明の中にはあった。

「まだなんのこだわりもなく父に接していたので、役目などというのでなく、自分からすすんで、父の釣りや投網の手伝いをやったものです。〔中略〕網を打つのは父ですが、網の下の魚を手ばしっこく押えるのは、もっぱらわたくしのほうでした。〔中略〕これらは、みんな父とわたくしだけのたのしみで、姉は加わりません」(I-130~132)

「父からの遺伝か、父の感化からか、文学的なものよりも学問的なもの、感情的なものよりも理論的なもの、思索的なものを好む傾向があって、〔中略〕文学的なものには少しも反応をしめさないわたくしが、宗教的なもの、哲学的なものには、ぐんぐんと、心を惹かれるようになっていったのでした」(I-150)

女学校へ通う年でも、「父と二人だけの楽しみを持つ」という、なお大変近い距離にいた父・娘関係であり、結びつきは強かった。父も家族も、そうした娘との関係を喜んでいた。「もっと女らしくしなさい」というような声は家族からは出なかった。いくらか特別な女の子として、明は育ったのである。

飛躍した言い方になるかもしれないが、後々のらいてうの行動や発言の背景には、こうした父をはじめとした家族との心理的な関係が働いていたと私は考えたくなる。少し後、二十七歳の時に、次のように書いている。

「全体私は女には相違ないが、また世間のいわゆる「新しい女」とはその内容において全然違ってはいるが、ある意味で自分は新しい女をもって自任しているものではあるが、実際を考えると、多くの場合自分は女だとは思っていない。(もちろん男だと思っているのでないことは言うまでもないが。) 思索の時も、執筆の時も、恋愛の時でさえ女としての意識はほとんど動いていない。ただ自我の意識があるだけだ」(1-178)

あくまで「個」としての自己が鮮明に意識されているのであって、「女」としての自覚は二次的でしかなかったという思いが、らいてうの心の底には流れていた。

父の中にも「女」の壁があった

しかし、父との関係においても、やがて明は「女」を体験することとなった。女学校に通う頃、明は富士山に熱中し、それは山への最初の憧れで、「富士山を日本一、いな世界一の霊峰と信じて」絵や写真、詩歌、新聞記事、地図、登山案内までを蒐集するようになった。そして思いは高まり、当然許可されるものと思って、父に富士登山の許しを求めたが、その答えは全く意外なものであった。

「馬鹿な。そんなところは女や子どもの行くところじゃないよ」とはねつけられたのである。それは、明にとって、最初と言ってよいほどの父からの拒絶の体験であった。

さらに、宗教や倫理、哲学などの方面に興味をもちはじめ、日本女子大学への入学を希望したが、「女の子が学問すると、かえって不幸になる」と、思いもよらぬ父の反対を受けた。それは、「女」であるがゆえの拒否であり反対であったことから、明を驚愕させた。それまで近しさを感じていた父との間に違和の思いが差し込んだのである。

物ごとを一途に思いつめてあとには引かない明の性質をよく知っている母の配慮とりなしによって、「英文科ではいけないが、家政科ならば……」という条件付きでようやく女子大への入学の許しを得られた。しかし、父の中にも「女」の壁が厳然と存在することを体験し、父との距離を自覚せざるを得なかったのである。以後、明は、父とは別個の存在である「自己」を見つめることを迫られることとなる。

一つ年上の姉・孝は、前年お茶の水女学校を卒業していたが、特にそれ以上の学校への進学を希望することもなく、家で家事見習いの生活を送っていた。ところが、明が女子大へ進学したことに促され、一年遅れて日本女子大の国文科へ通い始める。しかし、通学後一年余で結核を患うこととなり、中退を余儀なくされる。

周囲の「壁」への反発

父の中にも壁があることを実感し、反発を覚え始めた頃、前後して学校でも明は納得しがたい思いを強くするようになる。

東京女子高等師範学校附属高等女学校、通称お茶の水女学校へ入った明は、教科書を丸暗記させる「官立の、封建的、儒教的な理念にもとづく形式的教育」に次第に不満をつのらせる。そして「戦国時代、朝鮮沿岸や中国大陸沿岸に乗りだしてあばれまわった、この海賊たち〔倭寇《わこう》〕の荒々しい冒険的な進取《しんしゅ》の気性に、自由奔放な行動に、すっかりとらえられてしまい」「自分たちのグループを「海賊組」と命名」（I-114）する。海賊組の仲間との間で「お茶の水で叩きこまれる良妻賢母主義教育」への反発から、「結婚などしないで、なにかをやって身を立てることを、いつも話し合った」（I-110）という。海賊に憧れるという心の動きは、女学生一般に見られるものではない。ジェンダー・フリーな家庭の雰囲気が、ここにも影響していたと言えそうである。

さらに、もっとも反発を覚える「修身の時間」をボイコットし、家に帰るという大胆な行動にも出ている。「自分の気持に反したことを強制されることに対しては、相当つよい反抗心をもった子どもでした」（I-117）と自伝で振り返っている。

日本女子大学校に入学すると、校長・成瀬仁蔵は、「実践倫理」の講義で人間の思想の発達段階を、コントにならって「神学的段階」「形而上学的段階」「実証的段階」に分けて解説し、「神学的、形而上学的な旧い物の考え方、見方を捨てて、科学的実証的な世界観、人生観を打ち立てねばならない」と説いた。それを「神の声」の如くに信奉する学内では、ニイチェやト

女子大２年の頃、海賊組の仲間たちと共に。立ち姿がらいてう（1904年）

ルストイは形而上学的（メタフィジック）で「不健全な思想」とされたが、明はそれらの本を手にとることをはばからなかった。その結果、危険視され、上級生から「メタフィジック」として非難されることにもなったという。

その頃の明は、「めちゃめちゃな読書欲にかられ、まるで本の虫のようにして、書物を漁」り「宗教、哲学、倫理関係のもの」を濫読し、「神とはなにか、我れとはなにか、真理とはなにか、人はいかに生きるべきかというような問題の追究に、休みなく駆り立てられてるよう」（I-178）であった。父親との距離を感じ始め、自分なりの存在確認を求める気持ちが迫っていたのであろう。

神とはなにか、我とはなにかの追求

内省し、自分を見つめ、「自己」をひたむきに追求しようとする思いから、明は哲学書、宗教書の世界を渉猟することになる。

桑木巌翼の『哲学概論』『西洋哲学史概説』、大西祝の『西洋哲学史』、丘浅次郎の『進化論講話』、クリスト教関係では『聖書』、ルナンの『基督伝』、ダンテの『神曲』、バンヤンの『天路歴程』、ミルトンの『失楽園』（いずれも邦訳）、トルストイの人生観、宗教観の紹介書等々を思い出している。

そうした中で、当時発表された綱島梁川の「予が見神の実験」（本郷教会の機関誌『新人』掲載）を「息をつめて、周囲に人の居るのも忘れて、食い入るように読み」ながら、深い悩みに包まれた当時を振り返っている。

「ほんとうの信仰、ゆるぎない安心立命はどうしたらえられるものか、あらゆる既成概念をすて去り、知性にたよらず、「深く内部生活に沈潜する」とか、「至情の要求に神の声を聴く」とかいっても、それは一体どうしたらできることなのか、わたくしには皆目《かいもく》わかりません」（I-192）

この悩みは聖書を読み、教会へ通っても収まらず、迷いに迷っていた明が、友人の机の上にあった『禅海一瀾《いちらん》』を手にとることとなったのは、全くの偶然であった。

「『禅海一瀾』という、和綴木版刷り、上下二巻の本が目にとまりました。著者は鎌倉円覚寺の初代管長、今北洪川老師ですが、木版刷りの本の珍しさにひかれて手にとり、めくっているうちに、ふと「大道求于心《だいどうはこころにもとめよ》。勿求于外《そとにもとむることなかれ》。我心体之妙用《わがしんたいのみょうゆうは》。直我大道也《ただちにわがだいどうなり》」という文字が目に入りました。「大道を外に求めてはいけない。心に求めよ」ということばこそ、観念の世界の彷徨《ほうこう》に息づまりそうになっている、現在の自分に対する、直接警告のことばではありませんか」

（I-192~193）

この本との出会いが参禅へとつながったのである。明は女子大三年の夏から、臨済宗の「両忘庵」に参禅を許され、以後最初の公案「父母未生以前の自己本来の面目」に取り組む毎日が続くことになる。朝の五時六時に家を出て、冬は提灯をつけ、ただ公案を心の中でじっと見詰めて両忘庵へ通いつめ、ようやく老師に認められ見性《けんしょう》を許されたのは、女子大卒業後の夏であり、通い始めて一年余りが過ぎていた。明は見性して慧《え》薫《くん》という安名《あんみょう》をうけている（当時日本女子大学校は三年制である）。

見性体験と性格変化

見性とは「邪念をすて、本性を見きわめる」ことをさす仏教用語である。それは特殊な宗教体験であり、その内実がどのようなものであるかは、難解極まりない。宗教の専門家ではない私には、その正確な内容は分かりきらない。しかし、少なくとも、明の心的世界においては、それがとてつもなく大きな体験であり、それ以後の生き方に大きく影響したことは間違いない。

自伝には以下のように書かれている。

「わたくしにとっては、まさしく第二の誕生でした。〔中略〕わたくし自身の努力による、内観を通して、意識の最下層の深みから生まれ出た真実の自分、本当の自分なのでした。／求め、求めていた真の人生の大道の入口が開かれたのです。〔中略〕神とは何か、自我とは何か、神と人間との関係、個と全体との関係などと、女子大時代の頭の中だけの、概念の世界で模索していた諸問題が、みんないっしょに解決され、がらんとした思いで、愉快というほかありません。〔中略〕それからのわたくしは、ずいぶん大きく変わりました。〔中略〕いままで家庭ではほとんど、行ったことのないようなどんなところでも見てやろうという気持になり、芝居や寄席のような場所にも、足を運ぶようになりました。いままで無視していた人間社会の葛藤が、興味の対象となって浮び上ったとでもいうのでしょうか。〔中略〕／この時分が、一生を通じていちばん生命力の充実した最高潮の精神的次元に生きていた時期だったように思われます。／心は透明に澄み切り、無限大にひろがっていますし、からだはあってもなきが如くで、不思議なほど身軽ですし、つかれというものをまったく感じないのです。一日中どんなに歩きまわっても、夜一時二時まで起きていても平気でした。何もかもたのしく、美しく、うれしさでいっぱいで、過剰精力でいつも張りきってピチピチしていました」（I-210~212）

見性を契機に明は大きな性格変化を遂げることとなる。それまでの内にこもり、表情乏しく、うつむき加減で、現実の日常的周囲の世界には関心を全くよせず、精神内界の観念世界にのみ浸っていた女子大時代の明とは大違いである。外界の出来事にも関心が増し、今まで眼を向けなかったものにも注目し始める。それまで表だってはほとんど活動せず、精神世界の奥深くに潜伏していた心理的一面が大きく動き出し、新たな人格的側面が浮上したと言うべきである。

そして、この性格変化は決して一時的で短期間のものではなかったのである。右の文章にある見性直後の「過剰精力でいつも張りきってピチピチ」しているような状態はさすがにいつまでも続くものではなかったが、自分の中にある感情的な世界は以後継続して広がりを見せ、それまでむしろ避けていた異性への関心や好奇心が増し、対人的交流が大きく変化したのである。

はじめての接吻

女学校時代からの心理的変化を次のように書いている。

「晶子の『みだれ髪』が出たのは、女学校の四年生ごろでしたが、世間で評判のこの歌集についても、なにか軟派めいた、よくないものだという漠然とした感じが先に立ち、読んでみようという気持が起こらないのでした」(I-146)

「見性後のわたくしは、抽象的、論理的なものからまったく気持が離れ、以前のような概念哲学の書を見る気もなく、現実の具体的な世界、人間社会の葛藤がむしろ興味の対象となって

いました〔中略〕文学はわたくしにとっては全くの処女地でした」（I-226~228）

女学校時代は、異性への関心を無意識的に遠ざけていたが、見性後はそれが反転し、いままで頑に押し殺していた世界があふれ出ることとなる。その一つの現れは、見性後の悟後《ごご》の修行を続ける中で出会った、海禅寺の中原秀嶽和尚との突然の「接吻」という出来事である。

一九〇七（明治四十）年、二十一歳の時である。海禅寺で夜遅くまで座っていた後、暗い中を帰ろうとする時に「まだいたんですか」と、驚いて手燭を差し出し重たい潜り戸を開けてくれた和尚に、明は「不意に、なんのためらいもなく接吻をしてしまった」（I-230）のである。そんな行動に刺激され動揺して、和尚は明に結婚を迫ることになるのだが、明には、そんな気はさらさらなかった。

「誘惑したといわれてもそんなつもりは微塵もなく、〔中略〕和尚の好意に対する「ありがとう」とそれに「さようなら」も含めてのあいさつだった。〔中略〕あんな行為があの時、咄嗟に、むしろ自然に出てしまったのは、どういうわけか、その解答はいまでもよくわかりませんが、あるいは、そのころしきりに読んでいた輸入小説、それに学校で教科書に使っていた『若きウエルテルの悩み』などから得たものが意識下にあってのことでしょうか」（I-231~232）と書いている。七十歳を過ぎても、本人自身にも合点のいかない体験であった。

塩原事件

さらに、明はその年の五月、英語の勉強に通っていた成美女子英語学校で開かれた、生田長江の呼びかけに始まる「閨秀文学会」に出席する。それまでは無縁であった文学の世界に自ら接近したのだった。そこで講師の一人、森田草平との出会いが生まれる。

翌一九〇八（明治四十一）年二月一日、「閨秀文学会の相談」という嘘の口実で森田が明を呼び出し、「はじめて二人だけで会って、口をきいた」その日に、次のようなことが起こったのである。

呼び出しの口実が嘘であることが分かり「これは騙されたな」と気付くと「わたくしの胸には、急に子どもらしいしっぺ返しの気持や好奇心のようなものがひと時むらむらと起こり」あえて、その日一日行動を共にしたのである。「中野」を歩き、夕方には九段坂の「富士見軒」で食事し、暗い中「上野公園」の石に腰掛けていると「先生はやおら起《た》って、土の上にかがみ」「中世紀の騎士が貴婦人にするような格好で、わたくしの垂れている袴の裾に接吻し、〔中略〕わたくしの手の甲、次にその手をとりあげて細い指先を二、三本いっしょに含んでそっと噛んだり」した。その時「どうも何かわざとらしく、空々しく、ものまねめいて見え」、明は「「先生！」といきなり起ちあがり、「本気でやって下さい。ウソはいやです。もっと本気になって！」と先生に躍《と》びかかりました」（I-237~241）という。

「好奇心」に基づいて男性に急接近する大胆さは、見性以前には決して見られなかった姿である。極めて感情的な行動がここには見える。以後、二人の交流は加速度を増す。五十日も経たない三月二十一日には、極限に至った。二人は栃木県塩原温泉の尾頭峠に死を決して向かったのである。

雪の峠に登りはしたが、二人は死を実行しきれぬまま、雪の中、星を仰いで夜を明かし、翌朝捜索隊の警官に発見された。

東京帝国大学哲学科卒業の森田草平と、日本女子大学校卒業の平塚明という最高の学歴を持つ二人の「情死未遂事件」は新聞のトップ記事となり、二人は世間の非難と揶揄にさらされることとなった。森田草平はこの出来事を小説『煤煙』に書いたため「煤煙事件」とも呼ばれたが、らいてうは自伝の中では「塩原事件」と呼んでいる。

一貫して支え続ける父・定二郎

明は、もともと自分から心の内を話すことが少ない、内向性の強い人であった。女子大卒業前後、明の精神世界では、参禅、見性をはじめ、大きな動乱を体験していたが、明の心の壁は厚く、心の内を表現することはわずかであり、父母にはほとんど知らされていなかった。塩原事件は突然起きたのである。それでも、父は「激怒を精いっぱいおさえて」「大変なことをしてくれたね」と言うだけであった。

事件後、明は、マスコミをはじめとした周囲のかまびすしい声に〝もみくちゃ〟にされる。新聞記者の面会の強要が繰り返され、その他いろいろな人が自宅に押しかけることとなった。そんな明を、父定二郎は、一時、鎌倉の円覚寺の境内で過ごさせ、夏には気苦労から体調を崩した母・光澤と二人、茅ヶ崎で療養させている。さらに、秋から初冬にかけて信州松本で一人三ヵ月余を過ごし、気持ちを整理する機会を持てたのも、父の黙許があってのことである。母は細やかな心遣いでたっぷりの旅費をもたせてくれた。父の思惑を超えた行動に出る娘・明であったが、父は明を根本的に否定し拒絶することはなかった。定二郎は一貫して明を支え続けている。

「親はわたくしを信頼しぬいている」

富士山に登りたい、日本女子大へ進学したいという明の希望に対して、父定二郎は反対した。そうした体験を通して、明は、父の中に自分の思いを拘束する「壁」があることを悟り、「父との距離を感じ」てきた。それに伴い「世間的の権威というものに対して、尊敬する気持はおろか、むしろ反発を覚えるというわたくしのこの性向」(I-185)を明は実感する。「壁」に屈服し、自己抑制することはなかったのである。

父への反発を覚えたとはいえ、基本的に、父の明に対する許容度は非常に大きかった。女子大を出ても、小遣いをもらいながら座禅に打ち込む生活は継続し、見性体験後も、英語と漢文の勉強に通い、時に速記の仕事をするという、自分の関心に従って行動する生活が許されていた。その頃のことを自伝では以下のように記している。

「休日をのぞいては家にいることのない毎日でしたが、それについて、母から干渉がましいことは、ほとんどいわれませんでした。〔中略〕その当時の娘としては、およそ最大限の自由を許されていたといえましょう。〔中略〕／いま考えてみると、どういうものか父母ともに、わたくしに対しては妙な遠慮があったらしく、立ち入ってこちらのことを追求しようとしなかったのは、わたくしの方に、何かそれを受けつけないものがあったのかもしれません。〔中略〕／親はまったくわたくしを信頼しぬいているようでした。なにかといえば頼りにされるのはわたくしで、病身の姉にくらべて親たちの信頼は、わたくしのほうに厚かったように思います。親にとっては思い通りにならないけれども、頼りになる娘として扱われていたことは確かでした。これはずっと後のことですが、父の遺言についても、〔中略〕父はわたくしだけに、遺言状のしまい場所、その他の遺言についての注意などを語っております。またわたくしがいろいろな問題を起こして世間の非難の的になったときも、両親は世間に向かってはともかく、心の奥底ではいつもほとんど絶対的ともいえるような信頼をよせてくれていたように思われます」（Ⅰ-

215~217）

「親はわたくしを信頼しぬいている」「頼りになる娘として扱われていた」「絶対的ともいえるような信頼をよせてくれていた」とためらいなく書いていることは、大いに注目されてよい。既に触れたように、幼少期を振り返った記述でも「父は、末っ子のわたくしがよほど可愛かったものか、暇さえあれば、わたくしの相手になって遊んでくれました」（I-49）とも書いている。明には、父の愛と、関心と、慈しみと、是認と、好意と、信頼とが、十分に自らに注がれているという確信がここには見える。父親（権威者像）を怖れたり、その前で萎縮したりする様子は全く見えない。

自分が思うままに動いても両親に拒絶されることはない、世間に非難されるような立場に自分が置かれた時でも、父母は自分を基本的には理解してくれるし、支持してくれているという凄まじいまでの両親に対する信頼が、明にはあった。その反映として、自己に対する揺るぎない自信と安心感が育てられていたことを右の文章は示している。

親の「絶対的ともいえるような信頼」が自分に向けられていたという確信は、自己評価を高め、自己肯定感を増し、自信を深めるに違いない。それはナルチシズム的心性を広げ、自己愛を成長させる。病的な自己愛は、独善的な誇大化した自己賞賛に溺れることとなり、他者との共感の欠如を招くことになりやすい。しかし、明の自己愛は、社会的評判や、他者の評価、思感、意見よりも、〝自分の眼で見、感じ、考える〟中で培った自己の思いを最優先して、そのままに表現し、主張する勇気と自信と率直さを与える源になったと言えよう。

自分の眼で見、感じ、考えるということは、社会的一般的な評価や、既存の思い込みにとらわれず、いつも新鮮な眼で対象と接することである。対象との新鮮な出会いは〝驚き〟を伴うに違いない。一九二七（昭和二）年に書いた「どんなにも深くものに驚くが良い。／どこまでも自分の眼でものを視、自分の心でものを感じなければいけない」（『雲・草・人』三八頁）という、らいてうの記述も、自己に対する揺るぎない肯定感が基にあって初めて生まれたものに違いない。

二人の娘の結婚に対する定二郎の態度の違い

事件後、弟子森田草平を自宅に預かった夏目漱石の出した収拾策は「森田がやったことに対しては、平塚家ならびにご両親に十分謝罪させる、その上で時期を見て平塚家へ令嬢との結婚を申込ませる」という提案であった。これに対して父定二郎は「娘の考えは僕には分からない、直接娘にお聞きなさい」と返答している。

家制度が厳然と存在し、結婚は家と家との取り引きとしてなされることが、なお当たり前であった明治時代において〝娘本人の意向〟を優先させる父親の考えは、特段に新鮮なものであると言えよう。父・定二郎が娘・明の自己判断に寄せる信頼は、時代を大きく超えていたと言うべきである。

ちなみに、小森陽一氏の講演（二〇一〇年二月十三日、NPO法人平塚らいてうの会主催・らいてう講座「夏目漱石と平塚らいてう」）では、この漱石の提案を明は「『封建的な方！』の一言で片付け」たと言い、以後平塚明のこの一言が、漱石の作品に影響し「小説家夏目漱石の原動力になっている」との意見が述べられている（『平塚らいてうの会紀要』第三号、二〇一〇年、五二頁）。

近代的自我を主張したと言われる漱石ではあるが塩原事件については、「結婚」という形によって、事態を収拾しようとした。そうした漱石の姿より、「娘本人の意向」を優先させる定二郎の対応の方が、はるかに「家制度」という枠組みから解放された姿と言えるのではなかろうか。

時代を先駆けて「個人」の主体的自己決定を重んじる意見を、妹明の結婚問題について主張した父定二郎であった。しかし、姉孝の結婚では、全く違う一面を見せるのである。

姉妹が女学校へ通う頃、平塚家には書生として引き取られていた母方の従兄飯島道脩がいた。道脩は文学少女であった姉孝の「文学についての話相手」であり、「姉はこの従兄の部屋で、夜遅くまで話し込むことがしばしば」あり、これが「姉の初恋」であった。姉が従兄に接近しすぎることを心配した両親は、とうとう非常手段を講じたのか、ついにある日、従兄は家から姿を消してしまうこととなる。

その後、定二郎の郷里の親戚の世話で山中米次郎が、養子として迎えられた。定二郎の出身地、紀州の和歌山中学校の校長に優等生として推薦された米次郎は、その後定二郎の期待通り、一高、東京帝大を出て官界に入り、やがて父の意向に沿って、姉孝との結婚が整えられ、平塚家の相続者となった。

同じ娘の結婚についてではあっても、父定二郎の対応は、姉と妹について、全く違うのである。姉孝に対しては、家の後継者として親の期待通りの帝大出の官吏を親の一方的な判断に基づいて決定し、妹明には〝本人の意向〟を優先させるという、矛盾した対応をとる父であった。長子相続という習慣が影響していたとも言えよう。それとともに、既に書いたように、定二郎は、故郷を一時は失い、「家」から全く離れた生活に身を置き、後に平塚家を継ぐ立場になるという、二つの立場を経験していることも影響していたであろう。「家」に関する二つの分裂した思いが父定二郎の中に生じ、姉妹に対して矛盾した対応をとる結果になったのかもしれない。

姉孝は、「平塚家」を継ぎ守るための家付きの娘として、十代で未来の結婚相手を親に決められたが、妹明は、姉とは全く違った十代、二十代を体験することとなるのである。

「アイデンティティ」という概念はアメリカの精神分析家E・H・エリクソンによって提唱された。封建制の強い身分制社会では、出生とともに社会的立場や役割、職業もほとんど決まっていた。封建制が崩れるに伴い、特に都市社会においては、学歴や職業選択が各人の能力や個人的な興味、関心に基づいてなされ、それぞれの選択的余地が大きくなった。子どもから成人へと社会化され、成長する過程において、どのような社会人としての役割や立場、仕事や職業を獲得するかが、青年期から成人期にかけての発達過程における大きな課題となる。この過程において形成される社会的自己を支え、統合する心理的機能を、エリクソンは「自我同一性」＝「アイデンティティ」と呼び、アイデンティティを獲得して社会的な成人役割を取ることを猶予される期間を「モラトリアム」と呼んだのである。

姉孝について言えば、十代後半から〝平塚家を相続する家付きの娘〟というアイデンティティを親から一方的に押しつけられた。しかし、妹明には、親から規定されるような明確なアイデンティティの提示はなく、明の主体的選択が尊重された。父定二郎は「女の子が学問をすると、かえって不幸になる」「女は家庭をまもる従来の生き方が一番よい」と信じており、女子大への進学希望に一時は反対したが、それでも、最終的には入学を許可し、さらに女子大卒業後も明の自由な生活を容認し続けている。

明は速記の技術を身につけて、女子大卒業後は時々速記の仕事をしたとはいえ、参禅を続け、女子英学塾、成美女子英語学校、二松学舎で英語と漢文を学ぶ学生生活を継続させている。自宅に寝起きしていながら、週日は家事手伝いに専心することはなく、母から小遣いをもらう生活であった。それは、二十歳を過ぎても社会的な成人役割をなお取ろうとしない、モラトリアムそのままの生活である。

アイデンティティを確立できない不安定な情況

女学校、女子大へ通う生活は、モラトリアムとはいえ〝学生生活〟という社会的に認知された立場である。しかし、女子大を卒業した後、どのような生活を展望するかは難しい時代であった。〝職業婦人〟という言葉も未だ一般化していない明治三十年代は、女学校の教員や看護婦というごく限られた少数の例外を除いて、学業を終えたあと女性が進むべき道は、基本的に「結婚」以外にはなかった。女学校時代、海賊組の仲間で「結婚などしないで、なにかをやってゆこう」と話したと、らいてうは書いているが「なにかをやってゆこう」という言葉にしかならないほど、手本とするモデルが存在しない時代だった。

加えて、森田草平と心中未遂事件を起こした立場である。塩原の雪の峠から降りた直後、明は母に「心配しないで下さい。先生でも速記者でも、何にでもなりますから」と言ったが「だれが男の人と家出したような女《ひと》を使ってくれますか、あんたはほんとうに世間しらずね」と母に言われ、明は黙るしかなかった。結婚も考えられない、仕事にも就けないという状況で、自分をどう社会的に位置づけたらよいのか？　明にとって、アイデンティティの確立はいかにも難しい状況であったに違いない。

塩原事件後三年四年経っても、明は未だ将来に対する見通しを立てられずにいた。自伝にはこうある。

「将来の自分を考えることがあるとしたら、どこか山の見える高原などで——信州でもいい——蜜蜂を飼いながら、独りで静かに座ったり、読んだり、書いたりする生活。そういう日常を好もしいものに思っていたといえましょう。また、あるいは、山の峠で、茶店を出して暮らすのもよい。鎌倉の円覚寺の門前で茶店を出しても、自分ひとりは食べてゆけそうなものだと、大真面目に考えたこともあります」（I-307）

「明治四十四年、数え年二十六歳を迎えたわたくしは、相変わらず座禅と図書館通い、それに英語の勉強に明け暮れて、人ともあまり交わらず、といってこれという仕事もない毎日を送っておりました。やがて独立しなければならないとは思っていましたが、といってもいますぐ、経済的に独立しなければならないという、追いつめられた気持にはなかなかなれないのでした。／当時のわたくしはそんなことよりもなによりも、まず自己内部の探求、自己完成ということが、一番大事なことでしたから、自分のことで働こうという気持にはなれないのでした。／〔中略〕本当の人間になりたい、昔の真人のような本当の自由人になりたい、宇宙の心に生きぬく神人になりたい、という念願だけに生きていたわたくしにとって、経済的独立ということは、まったく第二義的なことでした。／それにまた、食べるということについては〔中略〕速記者として働く覚悟もついていましたし、場合によってはお遍路になっても、自分一人は生きられるという肚でした」（I-316~317）

女子大は出たけれど、座禅ばかりに打ち込み、本にかじりつき、さらにまた男と情死を企てることまでした二十五歳の娘を「良妻賢母以外に女に対して望んでいないような父」は快く思っていなかったに違いない。そんな父の思いを感じながらも、明はなお「真人・神人になりたい」という観念的願望世界にのみ止まっており、具体的社会生活におけるアイデンティティを見出せずにパラサイト（寄生）の生活を続けていた。それでも父は明に向かって批判叱責することはほとんどなかったのである。

本気で打ち込みきれない思いの中での『青鞜』スタート

自分の向かうべき方向が未だ見出せぬ思いを抱いて生活していた明に、生田長江は再三「女ばかりの文芸雑誌の発行」を勧める。長江は、成美女子英語学校で「閨秀文学会」が企画された時、中心になって動いた人物であり、友人の森田草平を講師に呼んだのも彼であった。塩原

右より母、明、祖母、義兄、父、姉、姪たち（1911年頃）

事件の後も、明は長江の家へは時々顔を出し、文芸一般について教えを請うていた。しかし、「文学で身を立てようなどという気がさっぱりない」明は、雑誌発行の話を聞いても、容易にその気になることは出来なかった。

ところが友人保持研子は「ぜひやりたい、いっしょにやりましょう」と大乗り気となり、その言葉に促されて明も「女ばかりの文芸誌」（＝『青鞜』）発刊に向けて少しずつ動き出すこととなる。とはいえ、毎日事務所へ顔を出すことはせず、通学・参禅のそれまでの生活を維持しつつ「片手間仕事で『青鞜』をやろうとしていた当時のわたくし」（I-334）だったと明は振り返っている。

創刊号になくてはならない「創刊の辞」は『青鞜』発行の仕事に一生懸命打ち込んでいる

保持が最適任と明は考えていたが、保持は事務の仕事に追われてなかなか筆をとることが出来なかった。締め切りが迫って、保持から「あなた書いて頂戴」と言われていよいよ切迫した中で、明が引受けることになったのだった。一晩で創刊の辞「元始、女性は太陽であった」を明は書く。一九一一（明治四十四）年、二十五歳の時である。

ここで「らいてう」というペンネームが初めて使われたが、それは「『青鞜』に本気で打ち込むというより、まだ他に自分がやらなければならない仕事があるような気持でいましたから、表面に立って自分の名前を出すことがはばかられ」たからであり「もう一つ、父の許しを受けずにはじめたこの仕事について、父への気兼ね」（I-374）があったからだという。

むしろ消極的に参加した『青鞜』出版の仕事であり、たまたまの巡り合わせで回って来た「創刊の辞」の執筆であった。しかし、一晩で一気に書き上げた「元始、女性は太陽であった」は、明が長いモラトリアム生活における彷徨の日々の中で蓄えてきた諸々の体験の中から醸成された〝鬱屈した思い〟が迸り出る機会となった。それまでの生活の中で、納得いかず、こだわり、問いかけ、迷い、考え、探し、求めて来た自らの進むべき道を見つめながらの叫びと呻きがそこには込められていた。

『青鞜』創刊の辞

『青鞜』という誌名も生田長江の発案だった。十八世紀半ばごろ、ロンドンのモンタギュー夫人のサロンに集まって、盛んに芸術や科学を男たちに負けずに論じていた婦人たちが青い靴下をはいていた。そんな、女らしくないことをする婦人にたいして、嘲笑的な意味で使われた「ブルーストッキング」という言葉を『青鞜』と訳し、誌名としたのである。女だけで雑誌を出せば批判されるに違いないから、それに先手をうっての命名だった。

明治時代において〝国家〟の最小単位として何よりも優先された〝家制度〟において、女性は〝家の後継者を生む機能〟としてのみ位置づけられていた。「おんな」という「奴隷的生活」しか日本の女性にはなかったことを、二十五歳の平塚明は実感していたのである。

当時、民法上女性には財産の所有権はあっても財産の管理収益の権利は夫にあり、親の財産の相続権もなく、生まれた子どもの親権も父親にのみ属し、配偶者の選択、住居の選定も家長の承認が必要な〝無能力者〟とされていた。政治集会への参加も未成年者同様許されなかった。男性だけの普通選挙が認められたのは一九二四年、女性を含めた普通選挙が認められたのは、はるか後、第二次世界大戦が終結した一九四五年である。

教育の機会も乏しかった。高等女学校卒業後の上級教育は、一九〇〇年に女子英学塾（現・津田塾大学）、東京女医学校（現・東京女子医科大学）、一九〇一年に日本女子大学校（現・日本女子大学）、女子美術学校（現・女子美術大学）が設立されているが、女性が一般の「大学」で学ぶことは許されていなかった。東京帝国大学に女性の聴講（入学ではない）が許されたのは一九二〇年であった。

こうした時代状況において、女性だけで作る日本初の文学雑誌『青鞜』の創刊（一九一一〔明治四十四〕年）に参加し、らいてうというペンネームで書いた創刊の辞「元始、女性は太陽であった」の一文は、「婦人もまた人間なり」という「婦人覚醒の第一声」となったのである。それは『著作集』では十四頁にわたる長文だが、ここではその一部を見ておこう。

「元始、女性は太陽であった――『青鞜』発刊に際して」一九一一（明治四十四）年

元始、女性は実に太陽であった。真正の人であった。／今、女性は月である。他に依って生き、他の光によって輝く、病人のやうな蒼白い顔の月である。／さてここに『青鞜』は初声《うぶごえ》を上げた。／現代の日本の女性の頭脳と手によって始めて出来た『青鞜』は初声を上げた。／女性のなすことは今はただ嘲りの笑いを招くばかりである。／私はよく知っている。嘲りの笑の下に隠れたるあるものを。／そして私は少しも恐れない。

しかし、どうしよう女性みずからがみずからの上にさらに新たにした羞恥と汚辱の惨《いた》ましさを。／女性とはかくも嘔吐に価するものだろうか、／否々、真正の人とは――

私どもは今日の女性としてできるだけのことをした。心の総てを尽してそして産み上げた子供がこの『青鞜』なのだ。〔中略〕

果たして心の総てを尽くしたろうか。ああ、誰か、誰か満足しよう。／私はここにさらにより多くの不満足を女性みずからの上に新たにした。

女性とはかくも力なきものだろうか、／否々、真正の人とは——

しかし私とて此真夏の日盛りの中から生れた『青鞜』が極熱をもよく熱殺するだけ、それだけ猛烈な熱誠をもっているということを見逃すものではない。／熱誠！ 熱誠！ 私どもはただこれによるのだ。／熱誠とは祈禱力である。意志の力である。禅定《ぜんじょう》力である、神道力である。言い換えれば精神集注力である。／神秘に通ずる唯一の門を精神集注と云う。〔中略〕

私は精神集注のただ中に天才を求めようと思う。／天才とは神秘そのものである。真正の人である。〔中略〕

自由解放！ 女性の自由解放という声は随分久しい以前から私どもの耳辺にざわめいている。しかしそれが何だろう。思うに自由といい、解放という意味が甚だしく誤解されていはしなかったろうか。もっとも単に女性解放問題といってもその中には多くの問題が包まれていたろう。しかしただ外界の圧迫や、拘束から脱せしめ、いわゆる高等教育を授け、広く一般の職業に就かせ、参政権をも与え、家庭という小天地から、親といい、夫という保護者の手から離れていわゆる独立の生活をさせたからとてそれが何で私ども女性の自由解放であろう。なるほどそれも真の自由解放の域に達せしめるによき境遇と機会とを与えるものかもしれない。しかしとうてい方便である。手段である。目的ではない。理想ではない。〔中略〕

しからば私の希《ねが》う真の自由解放とは何だろう。いうまでもなく潜める天才を、偉大なる潜在能力を十二分に発揮させることにほかならぬ。それには発展の妨害となるものの総てをまず取除かねばならぬ。それは外的の圧迫だろうか、はたまた智識の不足だろうか、否、それらも全くなくはあるまい。しかしその主たるものはやはり我そのもの、天才の所有者、天才の宿れる宮なる我そのものである。／我れ我れを遊離する時、潜める天才は発現する。

私どもは我が内なる潜める天才のために我を犠牲にせねばならぬ。いわゆる無我に

『青鞜』創刊号表紙（長沼〔高村〕智恵子作）

ならねばならぬ。（無我とは自己拡大の極致である。）〔中略〕
私は総ての女性とともに潜める天才を確信したい。ただただその可能性に信頼し、女性としてこの世に生れ来った我らの幸を心から喜びたい。／私どもの救い主はただ私どもの内なる天才そのものだ。もはや私どもは寺院や教会に、仏や神を求むるものではない。／私どももはや、天啓を待つものではない。我れ自らの努力によって、我が内なる自然の秘密を曝露し、自ら天啓たらんとするものだ。／私どもは奇蹟を求め、遠き彼方の神秘に憧れるものではない、我れ自らの努力によって我が内なる自然の秘密を曝露し、自ら奇蹟たり、神秘たらんとするものだ。／私どもをして熱烈なる祈禱を、精神集注を不断に継続せしめよ。かくてあくまでも徹底せしめよ。潜める天才を産む日まで、隠れたる太陽の輝く日まで。／その日私どもは全世界を、いっさいのものを、我ものとするのである。〔中略〕
もはや女性は月ではない。／その日、女性はやはり元始の太陽である。真正の人である。
〔中略〕
烈しく欲求することは事実を産む最も確実な真原因である。（1-14~27）

らいてうが振り返る「創刊の辞」

十年後に『青鞜』時代を振り返って書いた文章で、らいてうは以下のように当時の思いを表現している。

「婦人の屈辱的な奴隷生活を嘆き、悲しみ、呪い、かつ憤って、婦人の自主独立を、自我の尊厳を主張し、あるいは婦人の天才たる可能性を説いた情熱」は「「婦人もまた人間なり」という数語に尽きる」。それは「婦人覚醒の第一声」であり「精神的自由と独立とを高調」する「自己革命」「自己改造」「一種の精神（もしくは宗教）運動」であった。「自我の確立」を主張し、それは「「因襲打破」の形」となって行動され表現されたが、「予期以上の愚劣な、そして醜悪な侮辱と、嘲笑と、悪罵と、非難と誤解」を社会的に浴びることとなった。しかしその中から「婦人思想界」で婦人問題が活発に論議される結果にもつながったというのである（3-159~161）。

ずっと後の第二次大戦後になってふたたび『青鞜』発刊当時を振り返っては、こう書いている。

「もともと自分は人形でも、ロボットでも、また女性動物でもないのだ。無限の生命を、無限の能力を内存する尊厳なる神性、それがほんものの自分なのである。この真理を、わたくしたち女性のひとりびとりが、自我の探究ということをとおして知らなければならないのだ」（7-43）

「この文章の基調には、まずなによりも女性は人間として、個人としての自覚から出発しなければならない。女性は一個の人間として目ざめ、その自我を全的に解放する精神革命が必要であるという考えが流れております。それには内外のあらゆる圧力をはねのけて、この尊い本来の自我を発掘し、全的な人間としての自我を確立しなければならないという信念から「元始、女性はじつに太陽であった、真正の人であった、いま、女性は月である、他に依って生き、他の光によって輝く、病人のような蒼白い顔の月である」という、現状否定の言葉が理屈なしに、生まれたのでした」(I-362)

「らいてう」としてのアイデンティティの確立

この「創刊の辞」は論理の道筋を経ないで直観的に書かれたものであり、いささか全体的整合性には乏しいものであったと言えよう。十年後の一九二〇年に書いた「社会改造に対する婦人の使命」において、らいてう自身「とうてい静読に堪えないほど思想においても、文章においても粗雑な、不徹底な、そして稚気に満ちたもの」と書いている。しかし、この文章は、明の長い永いモラトリアムの歳月のなかで心の内に鬱積していた不充足感の発露のチャンスをもたらし、内にたまる錯綜する思いを初めて表現する機会を与えることとなり、その切迫した緊張を伴った心情は多くの人を動かすこととなった。

『青鞜』が出ると「連日のように熱烈な感情をこめた手紙がよせられ」「ことに、与謝野さんの「山の動く日来る」と、わたくしの「元始女性は太陽であった」に対する大きな反響を目のあたりにして、この仕事にどこかまだ本気になりきれなかったわたくしも、これから自分が担わねばならない責任の重さに、ひきしまってゆく思いでした」(I-355)。「若い女性たちから、ぞくぞくよせられる反響の大きさに驚くとともに、わたくしはこのときはじめて、なにかをやっているという実感をようやく覚えたのでした」(I-370)という。

こうした反響に支えられ、他者の評価を得て、「なにかをやっている実感」を体験し、自らがやりたいこと、自分がしなければならない仕事を見出したらいてうは、その後『青鞜』編集の仕事に主体的に乗り出し、積極的に意見表明するようになった。やがて周囲にも認知されるようになり、出版社から原稿を依頼され、評論を書くという社会的な活動に本格的に入ることとなる。

「明」から「らいてう」への変身

たまたまの偶然から引き受けた『青鞜』創刊の辞の執筆を機に、明は「らいてう」に変身したと言えよう。それは、サナギのように社会的に表立った具体的活動を一向にしないで眠っていたような、明のモラトリアムの時間が演出した「羽化」にも喩えられよう。ここにおいて、ようやくにして「らいてう」という新たなアイデンティティを平塚明は獲得し、確立したのである。

経済的には父母に支えられたまま、実家で暮らすパラサイトの生活は、その後もなおしばらく続いている。物理的、経済的に完全に独立した生活を具体化するのには、さらに三年の月日が必要であり、奥村博史との出会いという新たな展開を経なければならなかった。父母の元を出て、奥村博史との「共同生活」を始め、完全にモラトリアムから抜け出すまでには、一九一四(大正三)年、らいてうが二十八歳の時まで待たなければならなかった。

五歳年下の画学生奥村博史との「共同生活」に入ることを伝え家を出た後、一時、両親との交流は少なくなった。しかし、その後も、らいてうは、しばしば両親と姉夫婦家族が住む曙町の家を訪れている。父定二郎は一九四一(昭和十六)年に脳出血により八十三歳で亡くなっているが、その少し前から、らいてうは定二郎の回顧録を聞き書きしており、ほとんど週に一度は父宅を訪問している。濃密な父娘関係が持続していたのである。

平塚明の〝長い永いモラトリアム〟であった。そのモラトリアムを容認し、支え、見守った、父定二郎と母光澤であった。

母・光澤との関係

らいてうの父・定二郎が亡くなったのは一九四一年であり、四五年生まれの私は、当然会うことは出来なかった。私の父・敦史は幼少時からしばしば曙町の定二郎宅を訪れ、思い出は多い。父は六歳のとき肺門淋巴腺炎を患い、当時退職して千葉県館山の北条海岸に二人で住んでいた定二郎、光澤の元に引き取られ、半年養生したという。毎日行う体温測定の時には、定二郎は「助さん、格さん」が登場するような講談本を読み聞かせ、具合が悪く鼻血が出ると「鼻血とお熱でござーい」と調子を付けて、おどけてみせるおじいちゃんであったという。らいてうは官位が上がるにつれ、身につけた定二郎の〝官僚臭〟を指摘しているが、孫敦史にとっては多少いかめしくはあっても気さくな祖父であった。投網を自分で編み、補修して、漁に出かけ、時には毛糸でセーターを編み、家の設計図を自分で引いたり、孫のために「十六武蔵」というゲームを作ってくれる、器用で、まめで、律儀な優しい祖父であったと、父は話す。定二郎が亡くなった時、父敦史は旧制大学三年で卒業を控える頃であった。

曾祖母・光澤は、九十歳の長寿であったから、私も茨城県戸田井を訪れた折に何度か会っている。とはいえ既に高齢で、静かに座り込みいくらか表情を和ませるだけで、無口であり、話らしい話をしたことはない。真っ白な髪の、おとなしい、品の良いおばあさんとしか覚えていない。

祖母の自伝では、定二郎に関する叙述の方がはるかに多く、光澤については記述が乏しいが、それは、祖母が、父定二郎の中にある旧い「壁」と闘うことに多くのエネルギーを必要としたからであろう。光澤の存在が、祖母・明の心の中で小さかったからではない。一九五四（昭和二十九）年に光澤が亡くなった時、祖母は次のように書いている。

「母は自分に求められない、自由な生き方への夢を、わたくしに託したのかもしれません。わたくしが女子大に入学するとき、父の反対をおしきるようにして、わたくしの願いをかなえてくれたのも母であり、『青鞜』を創刊するとき、その気配を察して、「お金はあるのですか？」ときいてくれたのも母でした。官吏である父が、娘がそうしたことをはじめるのを、よろこぶはずがないことを知りながら、わたくしの婚資としてたくわえてあるお金をおそらく、母の一存で出してくれたのです」（IV-193）

光澤の里は、田安家の侍医であった。生家の飯島家は江戸趣味の家であり、小さい頃から踊り、常磐津、三味線などの遊芸をみっちり仕込まれていたが、定二郎はそれをいやがり、嫁入りのとき持参した三味線は一度も弾かれずじまいであったという。満たされない思いを、光澤は、自分の内に秘め、自分が果たせなかった「自由な生き方」を娘・明に期待し、それを支える力となった。「その母の大きな愛の手に抱かれて過ごした過去の長い歳月をふり返るとき、わたくしは自分がまれなしあわせな娘であったことを思います」（IV-195）と書いている。

『青鞜』の発刊は光澤の資金的援助なしには不可能であったに違いない。博史との共同生活を始めた年の夏に三越から届いた「蚊帳」には、「平塚明」の名があったが、それも光澤の心づかいであった。それを見てらいてうは泣いたという。孫が生まれると、住む所を心配して田端に家を買ってくれたのも、母・光澤であった。結局、この家は一九一九年から「やむにやまれぬ思い」で始めた「新婦人協会」（一三三頁参照）の活動に忙殺される中で、借りた金の返済のために人手に渡ることになる。しかし「母は、家のなくなったのをかつて一度も咎めたことがありません」（III-237）と記している。

これまた、娘を信頼しきった稀有な母であったと言えよう。

因襲打破の動き

「元始、女性は太陽であった」という言葉は当時の人々に大変衝撃的だった。それにもまして、旧道徳を問い直し、それに捉われずに発言し行動する青鞜社の人々の「因襲打破」の動きは、驚愕をもって社会に迎えられた。特に、当時の民法における婚姻制度への批判は苛烈を極めた。らいてうは一九一三（大正二）年、次の文章を『青鞜』に載せている。

「世の婦人たちへ」

〔前略〕何故世の多くの婦人たちには女は一度は必ず結婚すべきものだということに、結婚が女の唯一の生きる道だということに、総ての女は良妻たり、賢母たるべきものだということにこれが女の生活の総てであるということにもっと根本的な疑問が起ってこないのでしょう。私は不思議に思います。長い過去の歴史や、多くの習慣や、目前の功利や、便宜や、殊に男性の生活の利便のために成立した在来の女徳などから全然離れて、本来女性たるものの真の生活はいかにあるべきかについてもっと根本的な考察を試みようともしないのでしょう。〔中略〕

婦人が果たして結婚すべきものかという事がすでに、すでに久しい疑問なのでございます。種族保存の必要の前に女の全生涯は犠牲にせらるべきものか、生殖事業をほかにして女のなすべき事業はないのであろうか、結婚は婦人にとって唯一絶対の生活の門戸で、妻たり、母たることのみが婦人の天職の総てであろうか、私どもはもうこんなことを信ずることはできなくなっております。〔中略〕

今まで男子の私利私慾や、目前の便宜のために婦人の生活が踏みにじられていたのなら、それを取戻すために男子に対して反抗的態度をある時期においてとらねばならないのは当然なことではないでしょうか。今、妻と呼ばれている幸福な婦人たちも、もう少し眼蓋をこすって見た時、自分の今までの生活に満足していられるのでしょうか。愛なくして結婚し、自己の生活の保証を得んがために、終世ひとりの男子に下婢として、売春婦として侍

しているような妻の数は今日どれほどあるか知れないでしょう。〔中略〕
私どもはたとえ結婚そのものに反対しないまでも、今日の結婚という観念、ならびに現行の結婚制度には全然ふくすることができないのでございます。今日の社会制度では結婚ということは一生涯にわたる権力服従の関係ではないでしょうか。妻は未丁者か、不具者と同様に扱われてはいないでしょうか、妻には財産の所有権もなければその子に対する法律上の権利ももっていないのではないでしょうか。夫の姦通は罪なくして、妻の姦通は罪とせられているのではないでしょうか。私どもはこんな無法な不条理な制度に服してまで結婚しようとは思いません。〔後略〕（1-216~222）

これを掲載した『青鞜』一九一三（大正二）年四月号が刊行されると、警視庁高等検閲係から呼び出しがあり、「日本婦人在来の美徳を乱す」として厳重注意を受けたのである。さらに、「世の婦人たちへ」を含めて編集し同年五月に出版した、らいてうの処女評論集『円窓より』（東雲堂刊）は「家族制度破壊と風俗壊乱」により発売禁止処分となった。

らいてう等の、こうした主張に対して、熱烈な共感をもって迎える女性も多かったが、一方、多くの男性からは愚劣な、そして醜悪な侮辱と、嘲笑と、悪罵と、非難と誤解を受けねばならなかった。新聞記事は揶揄を込めて、らいてう等『青鞜』で活躍する者を「新しい女」と呼ぶようになる。

「昔は、たいへんでした。あるとき、電車の中で〝おまえたち、新しい女には、これしかないんだ〟と言って、中年の男性がいきなり私の顔にツバを吐きかけましたよ」とらいてうは後年、住井すゑに語っている（『平塚らいてう著作集月報6』一九八四年四月）。

しかし、らいてうはこうした社会的なバッシングにめげることなく、それを切り返して次のように書いている。

「新しい女」一九一三（大正二）年
自分は新しい女である。／少なくとも真に新しい女でありたいと日々に願い、日々に努めている。／真に、しかも永遠に新しいのは太陽である。／自分は太陽である。／少なくとも太陽でありたいと日々に願い、日々に努めている。
湯盤《とうのばん》の銘に曰く「苟日新、日日新、又日新〔苟《まこと》に日に新たに、日日に新たに、又日に新たなり〕」と。大なるかな、日に日に新たなる太陽の徳よ、明徳《めいとく》よ。／新しい女は「昨日」を呪っている。／新しい女はもはやしいたげられたる旧い女の歩んだ道を黙々として、はた唯々として歩むに堪えない。／新しい女は男の利己心のために無智にされ、奴隷にされ、肉塊にされた如き女の生活に満足しない。／新しい女は男の便宜のために造られた旧き道徳、法律を破壊しようと願っている。

けれど旧い女の頭に憑《とりつ》いたいろいろの幽霊は執拗《しつよう》に新しい女を追いかけてくる。／「今日」が空虚であるとき、そこに「昨日」が侵入してくる。／新しい女は日々にいろいろな幽霊と、戦っている。油断の刹那《せつな》新しい女も旧い女である。

自分は新しい女である。太陽である。ただ一人である。少なくともそうありたいと日々に願い、日々に努めている。

新しい女はただに男の利己心の上に築かれた旧道徳や法律を破壊するばかりでなく、日に日に新たな太陽の明徳をもって心霊の上に新宗教、新道徳、新法律の行われる新王国を創造しようとしている。／実に新しい女の天職は新王国の創造にある。さらば新王国とは？　新宗教とは？　新道徳とは？　新法律とは？／新しい女はいまだそれを知らない。／ただ新しい女はいまだ知られざるもののために、自己の天職のために、研究し、修養し、努力し、苦悶する。

新しい女は今はただ力を欲している。／自己の天職を全《まっと》うせんために、知られざるもののために研究し、修養し、努力し、苦悶するに堪《た》える力を欲している。／新しい女は今、美を願わない。善を願わない。ただ、いまだ知られざる王国を造らんがために、自己の尊き天職のために力を、力をと叫んでいる。（1-257~259）

人間としての自我に目覚めた『青鞜』に集まる女性たちはやがて自我の発露として恋愛を成就し、それぞれに新しい生活へと進むこととなる。編集室の熱気は拡散し、らいてうは編集、経営、事務、そして原稿執筆と、総てを担う立場となり、疲労し消耗し猛烈な頭痛に襲われ、ついに実務を担い得なくなってしまう。一九一五（大正四）年一月から『青鞜』の発行権は伊藤野枝に譲られた。その一年二カ月後の一六（大正五）年二月、六巻二号を最後に『青鞜』は無期休刊となる。一九一一（明治四十四）年九月の『青鞜』創刊から五年余の活動であった。

第二章　夫・奥村博史との共同生活

「わがまま三昧の一生」

伊豆土肥温泉にて、博史と（1914年頃）

らいてうと博史の出会い

一九一二（大正元）年夏に、らいてうと奥村博史は出会っている。『青鞜』の編集にたずさわる保持研子と尾竹紅吉が神奈川県茅ヶ崎の結核病院「南湖院」で療養していた。二人を見舞いかたがた茅ヶ崎に避暑に行っていたらいてうは、南湖院の一室でたまたまやってきた博史と会ったのである。らいてうは「黙ってみんなの話に耳を傾ける顔の表情の、軽くつまんだような上唇のあたりに漂う、あどけないほどの純良さが、わたくしにはひと目で好もしいものに思われました」（II-46）と書いている。博史も自伝的小説『めぐりあい』（現代社、一九五六年）で「青年になってこの方、まだかつて覚えぬ眼でひとりの女性を見たのである」と記している。二人の仲は急速に近づき手紙のやり取りも重なった。途中二人の仲を裂こうとする外からの干渉も幾度かあったが、一三（大正二）年六月には、二人は赤城山に出かけている。「求め合っていた二人の若い魂が、一つの命にはじめて結ばれることに、なんの儀式が必要でしょう」（II-146）と自伝にある。以後、二人の行き来はいっそう頻繁になった。

らいてうの部屋にしばしば男性が夜遅くまで居ることを、家人がいぶかることとなる。一方、博史も大家に「〝新しい女〟に出入りされては困る」と追い立てられることとなった。『青鞜』四巻一号の「編集室より」に、らいてうは大胆にも以下のように書いている。

「世間は私の大切な弟が私を愛し、私がまた弟を可愛がっている為に弟にわずか一間の住家をさえも与えることをしない。〔中略〕私はこの半年、自分の中に今まで知らなかったいろいろな自分のあることを、未知の世界のあったことをあの弟によって、弟を愛することにより経験させられているのだのに。私は弟が家を立ちのこうとする時、弟にこういった。「あの壁一杯にどうしても落ちない油絵具でふたりの接吻しているところを描いていらっしゃい。」」（1-280~281）

らいてうは自分の大切にしたい思いや、感情を決して隠そうとはしなかった。たとえ世間の多くの人と意見が異なっていたとしても、個人的な体験であっても、文字にして公に訴えることを全くためらわない人であった。

家を出るにあたっての準備

家を出ることが迫っていることをらいてうは自覚する。しかし、幾つかのためらいもあった。「家」というものは、らいてうにとって「無形の牢獄」ではあったが、また「この上なく居心地のよい場所」でもあり、「自分の孤独を好む性格や、疲れやすい体質」が他人との同居に耐えられるか心配だった。

らいてうはまず、博史の母と会い、「子どものような奥村をどんなに愛しているか」「その世話をさせてほしいというわたくしの気持」を伝えたのである。

さらに、博史がいつも自分の考えをはっきり主張しないことに頼りなさを感じて、質問状を出している。

一、今後、ふたりの愛の生活の上にどれほどの苦難が起こってもあなたはわたしといっしょにそれに堪えうるか。世間や周囲のどんな非難や嘲笑、圧迫がふたりの愛に加えられるようなことがあっても、あなたはわたしから逃げださないか。

一、もしわたしが最後まで結婚を望まず、むしろ結婚という〔今日の制度としての〕男女関係を拒むものとしたら、あなたはどうするか。

一、結婚はしないが同棲は望むとすればどう答えるか。

一、結婚も同棲も望まず、最後までふたりの愛と仕事の自由を尊重して別居を望むとしたらあなたはどうするか。

一、恋愛があり、それにともなう欲求もありながら、まだ子どもは欲しくないとしたらあなたはどう思うか。〔中略〕

一、今後の生活についてあなたはどんな成算があるのか。(II-160~161)

これに対する博史の回答を、「まことにその人らしく、自然な、素直なもの」と感じ、「そこにこの人の強勒さを発見し」（II-161）らいてうの家出の決意は固まった。具体的に事態を動かしたのはらいてうのイニシアティブであったに違いない。「結婚が女にとってきわめて不利な権利義務の規定」（1-293）であると考え、らいてうには法的手続きをとる気持ちはさらさらなかった。

何もかも、当時の社会常識を破りながらの二人の生活のスタートであった。らいてうは二十八歳、博史は五歳年下の二十三歳という年の差であった。法的な婚姻手続きをとらず、しかも「共同生活」を公表し、表札は連名にした。一般には男性が女性の親に了解を求めにいくのだろうが、逆であった。質問状についても「これまでこんなふうの問題を女の人から出された男が実際あるのだろうか」（『めぐりあい』）と、後年、博史は書いている。経済的な見通しも、らいてうの原稿収入以外に全くあてに出来ない状況であった。当時の社会的な性役割から大きく逸脱した二人の関係がここには見られる。

自由な共同生活に新しい性道徳の基礎をおく

らいてうは、博史との生活を始めようと準備を進めたが、それは一切両親には相談なしであった。「独立するについて両親に」という長文の手紙ではじめて自分の思いを伝え、家を出たのである。そして、その手紙を『青鞜』誌上に掲載している。自らの恋愛、結婚という個人的体験をそのままに公開する姿勢も稀有なものである。そこには、当時の一般常識とは大きく隔たった、自分の「恋愛観」「結婚観」を世に問おうとする気負いがあり、その背景には、大きなナルチシズムに支えられた自己肯定感があったに違いない。この大胆さには敬服せざるを得ない。あえて「共同生活」を始める経緯を公開したことについて、自伝に以下のように書いている。

「古い封建的な結婚制度に反対し、恋愛が発展して自然的に実を結んだ、自由な共同生活に新しい性道徳の基礎をおくわたくしの考えと、それを身をもって行なうことの意義を、社会に、ことに多くの同じ問題でなやむ婦人たちに、知らせたい気持からでした。いま、自分のやることが、大勢の同性の問題ともかかわりあっているという自覚——ある意味では気負いが〔中略〕あえてこの私信を『青鞜』誌上に公表させたのだと思います」(II-184~185)

この手紙は著作集で十三頁に及ぶ長文であるが、その抜粋を以下に示しておく。

「独立するについて両親に」一九一四(大正三)年

〔前略〕幾度か決心だけはしながらも押しきって決行するだけの勇気を欠いていた私に最後の動かぬ決心を固めてくれたのは、そしてとうとう「独立」を成就するようにしてくれたのは全くH〔博史〕に対する私の愛の力だったと信じております。/いったい私は妹や弟をもたないというようなことも多少関係しているのか年下のもの――それが男でも女でも――に対してやさしくしてやりたいような、可愛がってやりたいような心持をもっておりましたが、それがこの二、三年来殊に明らかになって、自分と同年輩の者やまたはそれ以上の者はほとんど全く目にも止まらず、いつも愛の対象として現れてくるものはずっと年下の者ばかりでした。〔中略〕私の生活の一部はそれらの人を可愛がることによって、慰められ、暖められ、柔げられ、潤わされてきたのでした。ところがその人たちの中でより多く私の心を牽《ひ》き、私の心を動かしたのは静かな、内気なHでした。私は五分の子供と三分の女と二分の男をもっているHがだんだんたまらなく可愛いものになって参りました。そして姉や母の接吻はいつか恋人のそれらしく変って行きました。〔中略〕

私は今度こそ大胆に自分のありとあらゆる力をもって前進の道を採ろうと決心いたしました。私の体質や性格に基く根本生活において恋愛の肯定はいろんな意味でかなり矛盾や不安をともないますけれど、私はその矛盾や不安の中で、それらに打勝ち、それを踏みこたえながら、ふたりの中にひとたび芽ぐんだ愛を枯らさないようにできるだけ育てていこう、どんなふうな経路をとって、どんなに発展して、どんなところへ私を運んで行くものか、そして今後どんな未知世界が私の前に開展し、私の思想なり、生活なりがどんなに変化していくものか一つ行き着くところまで行ってみようと心を極めました。〔中略〕

私は自分の共同生活に不適当な、気むずかしい、容易に人と同化し得ない孤独の性質や、疲れやすい体質を知っていますし、またこういう生活が自分の仕事をする力を奪いはせぬかという不安から容易にその気になれませんでしたが、これもとうとやってみることに決心いたしました。〔中略〕

昨日お母さんから結婚もしないで、若い男と同じ家に住むというのはおかしい、子供でもできた場合にどうするかというようなお話もございましたが、私は現行の結婚制度に不満足な以上、そんな制度に従い、そんな法律によって是認して貰うような結婚はしたくないのです。〔中略〕恋愛のある男女が一つ家にすむということほど当然のことはなく、ふたりの間にさえ極められてあれば形式的な結婚などはどうでもかまうまいと思います。ましてその結婚が女にとってきわめて不利な権利義務の規定である以上なおさらです。〔中略〕

それから子供のことですが、私どもは今の場合（先へ行ってどうなるものかそれは今の私にはまだ分かりません）子供を造ろうとは思っていません。自己を重んじ、自己の仕事に生きているものはそうむやみに子供を産むものではないということを御承知いただきたいと思います。実際のところ私には今のところ子供が欲しいとか、母になりたいとかいうような欲望はほとんどありません。〔中略〕もっともお母さんのおっしゃるような意味で形式的に結婚しない男女の間に子供のできるということはただ不都合なことである、恥ず

べきことであるというような考えをもつものでないことだけは申添えておきます。〔後略〕

（1-289~294）

恋愛から出発した二人の「共同生活」は、「野合」ではないかという世間周囲の非難は一層烈しくなる。

婚姻手続き前の同棲生活が珍しいことではない日本の最近の感覚からすれば、どれも非難に値することではない。しかし、当時はそれが新聞雑誌などマスコミ総がかりでかまびすしく非難されるような時代だった。表札が次々なくなるような嫌がらせもあった。前に触れたように、電車の中でツバを吐きかけられる事態も生じたのである。しかし、そうした非難にさらされても、全くひるむことなく、二人は家庭を作り、子どもを育て、それぞれの関心と発想を最優先させて、わがままに、自分たちの仕事を進め、自分たちの望む生活を作っていく。

「共同生活」以後のらいてうの問題意識の変遷については、次章で見ていくこととしたい。ここでは、孫・直史の目から見た祖父の思い出から、祖母との関係を考えてみたい。

駅前の家

私直史が育った成城学園前の駅近くの家は、祖父博史が成城学園の美術の教員になり、教員向けの地域の分譲に当たり、建てた家である。一九二七（昭和二）年、父敦史が小学校低学年の頃である。当時は全くの新開地であり、松の木とススキや野草が繁茂する原の中に、家はポツンと建っていた。父の話だと、越してきた時は未だ小田急線の工事中であり、近くにあるのは食料品店「石井商店」（現在の「成城石井」）と、酒屋乾物雑貨屋の「笹屋」、それに「松浦靴店」があるだけだった。「石井」は地元の農家が出した店であり、「笹屋」と「松浦」は、学校が牛込区（現・新宿区）原町にあった頃、近くにあった店が、学校が現在の地に越すにあたって、一緒に付いてきた店だという。

私の記憶は幼稚園の頃からであり、昭和二十三―四年頃からということになる。その頃には、家の前の南側の通りは砂利道で、自転車にリヤカー、時には牛や馬の引く荷車が通る、駅近くの商店街だった。向かいには金物屋、和菓子屋、糸綿店、歯医者、酒屋に染め物・洗い張り屋、それに洋品店が並んでいた。

その道からコンクリートの石段を二段三段上がり、大きめの長方形の踏み石を北へ四つ五つ歩くと玄関の開きの扉がある。しっかりした鍵が付いた重い木製の扉だった。扉の中央少し高めに直径一〇センチほどの鉄の半球が据えてあり、その上についた紐を引けば小さな槌が半球を叩く、呼び鈴である。

玄関を入ると左手が一間ほどの靴入戸棚、その上には大きな骨董のランプが三つ、それに富

自宅の玄関に立つ、らいてうと博史（1927年）

本憲吉作の白磁の壺が並ぶ。タタキには赤いオランダの木靴サボがあった。

応接間は八畳ほどの板の間。ソファーが並び五人は掛けられる。北の壁には横四〇センチ縦一二〇センチほどの大きなキャンバスに裸婦の後ろ姿。隣には、陶器で出来た大きな皿に盛られた果物の静物画。その下に幅一メートルほどの四角いガラスケースがあり、カメオや指環やブローチ、それに古い懐中時計がいくつか並んでいる。右手のコーナーに置く三角のガラス棚には象の形をした水煙草のパイプや、珊瑚で出来た婦人の小さな胸像、そして大きな美しい貝殻がいくつか収められている。

その棚の上には木で出来た人間像。首、胴、手足の関節が可動式で好きなポーズをとらせることが出来た。小さな私は手が届くようになると自分で奇妙なポーズをとらせて遊んだ。その度に祖父は直して

「せっかく形よくポーズをとらせているのに！」と母にもらしたという。南側の壁には中近東で出土したものか、古い飾り皿が掛けてあった。いくつにも割れていたものを祖父が自分で「つなげ貼り合わせた」と聞いた。こうした室内装飾のすべては祖父博史の意向による。

指環の注文

壁の絵は祖父の描いたものであり、指環、ブローチの類いの銀の彫金細工も祖父の手になるものである。祖父の指環のファンは多く、注文に見える客が時々あった。女優の高峰秀子もその一人だった。祖父は、彼女のことを「デコちゃん」と呼び、「デコちゃんが来たよ」と話してくれたこともあった。

二〇〇六年十月の東京国立近代美術館の「ジュエリーの今——変貌のオブジェ」展に祖父の作品が招待されており、日本の彫金デザインにおける最も古い創作者として紹介されていた。指環の創作では社会的に評価が高かったようである。自分の部屋の掘り炬燵に座りながら丁寧に指環を仕上げている祖父の姿は何度も見ている。

一方、絵の注文に祖父を訪ねて来たという人は残念ながら私の記憶にはない。携帯用の絵の具箱を開いて三〇センチ×四〇センチほどの板絵に向かって筆を動かす祖父の姿は思い出すが、それも、旅先でのスケッチに筆をいれての仕上げ作業であり、そんなに長時間ではなかった。

裸婦のデッサンを幾つも並べて手を加えている姿は良く覚えている。

えかきさん

祖父は幼稚園の頃の私に向かって自らを「えかきさん」と言ったことがある。とはいえ、イーゼルを立ててキャンバスに向かって新たな作品にとりかかるといった緊張した姿は私には思い浮かばない。戦前は展覧会への出品も頻繁だったし、個展を何度も開いていると聞くが、戦後は油絵の創作に没頭するといった様子はなかった。それでも死の三年前、七十歳の誕生日には祖母に、「あと少なくとも十年は画が描ける。そうだあと十年は画ばかり描く。どんなに良い石がみつかっても指環作りはもうやめた」と言ったのであり、祖父のアイデンティティの中心は、あくまで「絵かき」であったのは間違いない。

しかし、祖父が興味を持ち、関心を惹かれ、エネルギーを注いだものは絵を描くことだけではなかった。祖母の指を飾るにふさわしい指環を見出せないからと自ら作ることを始めたし、写真に取り憑かれ「一九一一年頃ライカの三五ミリカメラⅢAエルマアア」を手に入れて使い込み、その欠点に気付き、設計したオスカア・バルナック氏に宛てて、改良のアイデアをしたためた手紙をドイツに出したこともある。自分の提案が「採用されたんだよ」と祖父が嬉しそうに話してくれた。祖父の部屋の隅には半間四方の小さな暗室がしつらえてあった。大正から昭和の初めに写真を撮り、現像引き伸ばしを自分でやる人はそうはいなかったであろう。面白くなるとのめり込み、大いに凝る人なのである。

カメオやランプや飾り時計をはじめとした骨董についても、これ一筋という領域はないが、自分が気に入ったものには〝あれもこれも〟と貪欲に次々手を出した。

演劇に夢中になった時期もあった。祖父が最初に舞台に立ったのは大正二年の近代劇協会の『ファウスト』だが、その後も大正八年の『青い鳥』の日本初演をはじめとして大正から昭和の初めにかけて新劇の舞台に何度も立っている。『青い鳥』ではチルチル(初代の水谷八重子)・ミチル(夏川静江)のお父さん・お祖父さんの二役、『櫻の園』ではフィルス、『三人娘』ではマイラウ、『叔父ワーニャ』ではテレーギンを演じていたと聞く。

器用貧乏

祖父が亡くなったのは一九六四(昭和三十九)年、私が大学一年の二月だった。祖父の残したノートには、「たとへ億の人間が俺の作品に目を向けまいと、それは何も恐るるに足りない。恐ろしいのは俺自身が気に入るかどうかにかかっている」とあり、亡くなる直前の正月に入院先の病室で書いた手帳には「デッサン集刊行実現努力のこと。己れがしないで誰がする、今しないでいつできる」と記されている。祖母も「自分ひとりのささやかな仕事に夢中になり、いつもあれもやりたい、これも試みたいと小さな夢を追い、すべてを忘れ、暦日なしというような、たのしくも、せわしない、わがまま三昧の一生でした」（7-419）と書いている。

祖父自身も「命がけの道楽仕事」「いつの場合にも純粋な興味以外に目的を持たぬ、これがどうやらわたしという人間の生涯を貫くごく自然な生き方のように考えられます」（『めぐりあい』）と表現している。それは興味を持ったらあれもこれもと多岐にわたって手を出したいし、しかも、好きなこと以外はしないということであり、大変なわがままというべきである。そして、次々に手を出しすぎエネルギーが分散したきらいがあり、いささか器用貧乏であったとも言えよう。実際、好悪の感情激しく、感覚的な嗜好に耽溺し、感情の赴くまま、自由奔放に、わがままに生活した、生活出来た、稀有な人であった。

小さい頃の祖父の思い出

井の頭動物園だったろう。象の檻の前で泣く弟。弟が三、四歳、私が小学校一、二年生の頃だろう。「怖いよー！　怖い！」と大泣きする弟に祖父は穏やかに笑いながら「泣かずとも良い」と話している。弟の恐怖はいっこうおさまらず泣き止む様子はない。弟を象から引き離そうとはしない、一緒に逃げようとはしないのだ。「何も、泣くことはない」とあくまで落ち着いた様子で、大人の立場、自分の感情のままの対応である。〝怖がっているのだから急いで離してやれば良いじゃないか〟と私は思ったが、祖父はなお笑ったままであった。子どもの恐怖よりも自分の感情を優先する祖父に、私は憤りを覚えた。

私が小学校二年生の頃であろう。祖父に買い物を頼まれた。「豆餅」だったか「すあま」だったか。行く店は電車で三駅先だった。決して威圧的に命ずる祖父ではない。勿論、手を上げるようなことは一度も見たことがない。いらだった様子を示すことはあっても、怒鳴ることもしなかった。むしろいつも笑みをたたえて穏やかに対応する祖父であったから、無理に使いに出された訳ではなかったろう。

〝とてもおいしいんだから、御馳走するから買ってきておくれよ〟とでも説得したのであろう。特にイヤイヤでもなく私と弟は買い物に出かけた。しかし、電車に乗り、知らない町で、行ったことのない店を探しあてるのは、当時の私には大仕事であった。電車に子どもだけで乗るのは初めてだったろう。緊張を抱えたまま、いわれた駅で降り見知らぬ商店街を捜した。〝駅前の通りを右手に下って、いくつ目かの角の、向こう側、左手にある店に入るとガラスのケースに「餅」は入っている〟というような説明に従って探したが店は見つからなかった。仕方なく手ぶらでしょんぼり帰った覚えがある。

その時祖父が言ったのは「ないはずはない、そんなことがあるもんか」ということだった。ひどく怒られたわけではなかったが、慰められたり、ご苦労さんでもなく、祖父は自分のイメージの中の目当ての店の存在を主張するばかりであった。

〝あーっ、何で自分で行きもしないで、人の苦労も知らないで、あるはずだ、あるはずだとばかり言うのだろう。全く勝手なんだから！〟と恨めしく思った。

わがまま

祖父は欲しくなったら、たまらなく欲しくなる人だったと言うべきか。それもこだわりの人で〝これが欲しい〟となったら「これ」でなくてはならない。餅というなら家のすぐ近くに和菓子屋は三軒あり、何も三駅先まで行かなくても手に入るのだが、あの店のあの餅が食べたいとなったらどうしてもそれが食べたいのだった。自分の欲求に極めて率直な人なのである。感覚的には非常に鋭敏で、視覚は勿論、味覚においても、聴覚においても、臭覚にもうるさかった。好き嫌いが常にはっきりしていて嫌いなものには決して手を出さない。不快な刺激にはためらうことなくはっきりと露骨に嫌な表情をした。それは食べ物だけではない。見たいもの、欲しいものにはどこまでもこだわるのである。

　自分の身の回りにおくものはどれも自分が感覚的に納得したものでないと承知出来ない。ハサミも、ナイフも、オーデコロンも、そして美術工芸品はなおのことである。金銭的に決して余裕がある生活ではなかったが、気に入ったものがあり、たまらなく欲しくなると、たまたま手持ちの金があれば、後先考えずに買ってしまうこともあった。祖父が枕元にカメオをいくつも並べてルーペで、なめるように繰り返し見入っていた頃のことである。

「おじいちゃんがカメオを買ってきちゃったの。困ったわ！」と祖母がもらしていたと母に聞いた。こうした振る舞いは一般に「わがまま」と言われ、そうしたわがままを通すことは大人気ない「子どもっぽい」と評されるのだろう。実際祖父はしばしば小学生、中学生の孫からもおおいにわがままに見えたのである。

五分の子供

祖母が「独立するについて両親に」において祖父博史を「五分の子供と三分の女と二分の男をもっているHが」「たまらなく可愛いものになって参りました」（1-289）と書いたことは有名だが、実際、孫の目から見てもその通りだと実感する。相手の意を汲み、それに添い、相手を優先させて対応するというよりも、子どもである孫の我々に対しても同等にためらうことなく、自分の感じるまま、思うままを主張し、感情のままに振る舞う人であった。「五分の子供」とは言い得て妙である。

一方「男性の旧い感情」という文章において祖母は「男性の利己主義、わがまま、支配欲、優越観の根深さ」（5-277）を批判しているが、祖父はわがままではあっても「支配欲、優越観」

を振りかざすところは見えない。自分から積極的に名乗り出ることはむしろ苦手であり他者との競争意識にも乏しい。決してでしゃばろうとはせず、むしろたじろぎ引き下がりがちである。他者と競い争う雰囲気を嫌って、すぐに避けるのが常だった。いわゆる猛々しさ、男に見られがちの競争心には欠けると言えよう。この点「二分の男」という表現もぴったりかと思う。荒々しいものを嫌い、穏やかな、まろやかな、柔らかな世界ばかりを求めていたところは祖母が「三分の女」と言ったのにあたるのだろうか？

自分の感ずるままに馬鹿正直に対応する極めて単純な一途さが、祖母にとっては、大変ピュアーなものに見えて「たまらなく可愛」くなったのであろう。若い頃の祖父を「大きな赤ん坊のような、よごれのない青年」（II-48）と祖母は書いているが、頭の禿げ上がった祖父にもその片鱗は十分残っていたのである。「たまらなく可愛い」対象と共にあり、世話することが、祖母らいてうの「愛する」ということなのであろう。祖母は祖父をいつも気に懸け、気遣い、いたわり、心を配っていたように思う。

祖母は若き日に「ノラさんに」という文章において「あなたが夫からも愛されようと思っていらしった、すなわち自分の愛に対する応報を夫に求めていらしったその乞食根性を残念に思いました」（I-80）と書いているが、祖母には「愛されよう」とする様子は感じられない。むしろ祖父に対する能動的なかかわりが大きく、受動的な対象愛は薄かったように思う。相手に甘えたり、依存したり、頼ろうとする気色は祖母には見えなかった。

かといって、祖父の側にも応報を求める乞食根性が見えたわけではないのだが、それでも、あくまで感情に基づいて判断し行動する祖父の揺れは大きく、それを支え、寄り添おうとする祖母の様子が思い浮かぶのである。

むしろ「孤独と静閑」を好み、必要とし、求める祖母であったが、祖父と一緒にいる時間はとかく祖父に合わせての生活となり、祖父が出かけるとほっとした表情で「しばらく一人にしてちょうだい」ともらして自分の部屋へ引っ込んだのである。

鯉のぼり、トランプを作ってくれる祖父

幼稚園の頃、祖父が鯉のぼりを作ってくれた。和紙を張り合わせ水彩絵の具で真鯉と緋鯉を描いてくれた。廊下に広げて描く鯉はとてつもなく大きかったと覚えているが、それは小さかった自分の眼から見ての話である。二メートル弱くらいのものであったか？ 祖母が着物の裏布を提供し、母が家にある古着の中から集めた色々な布と合わせて吹流しをミシンを踏んで縫ってくれ、父が竹竿を物干の柱にくくりつけて立ててくれた。そうした作業をしている様は浮かんでくるが、不思議なことに空に舞う鯉の姿が思い出せないのは残念である。その後も何年か、この鯉を毎年取り出し飾ったのだが。

小学校へ上がって間もなくの頃であろうか。友人が持っているトランプがうらやましかった。昭和二十六年当時トランプはたやすく手に入らなかったのだろう。あるいは値段が高くて手が出せなかったのかもしれない。消しゴムを削って♠♡♣♢を作り、大きめの名刺用の紙にスタンプインクで押し、ジャック、クイーン、キング、それにジョーカーの絵を祖父が描いて作ってくれた。〝ババ抜き〟や〝神経衰弱〟で遊んでいるうちに枚数は減ってしまったが、今も家に残っている。

こうしたことを思い返せば、随分のんびりした余裕のある生活であり、大変孫にやさしい祖父であった。応接間の室内装飾や趣味の骨董を含めて精神的な贅沢さにあふれた生活を祖父はしていたと言えよう。

ゆったり、のんびりした生活

私が小学生の頃、祖父は六十歳代である。祖父の生活は、ほとんどが家にいて、遅くに起き、指環をいじり、本を開き、あとは何をしていたのか？　いつもゆったり、のんびりしていた。仕事に追われている様子は見えなかった。祖母は緊張して原稿に取り組む空気を時に感じさせたが、祖父にはそうした突き詰めた表情は見えなかったのである。

週に一度くらいはホームスパンの上着にベレーをかぶって「行ってきます」と出かけ、戻ると「帰りました」と声をかける。私の記憶では祖母はそうした外出をほとんどしない人だったのにくらべると、祖父は人中へ出ることに抵抗のなかった人と思えた。

子どもの頃は祖父が何をしに出かけるのかは、よくわからなかった。朝から出るのではなく、ゆったりした時間にあわてることなく出るのだから仕事へ出かけるとは感じられない。どうやらデッサンの会合へ出かけていたらしい。そういえば祖父は大きなスケッチブックを持っていることが多かった。祖母の自伝を見ると「石井柏亭先生のアトリエにモデルのやってくる日には、どこへ旅に出ていてもかならず飛んで帰って来ます」とあるから、そこへ定期的に通ったのだろう。それは画家にとっては勉強であり、修練であり、仕事でもあったと言えようが、いわゆる〝勤め〟とは違うものだろう。

父に聞いてみると、祖父が定期的に出かける「勤め」に就いたのは、三十歳代の頃、成城学園の美術の教師をした時だけである。それも四、五年くらいのもので、決して長くはない。決められた時間枠の中での生活、労働は、ほとんどしていない、出来なかった人だったと思われる。祖母も勤めに通った経験は皆無である。祖母は原稿を書き、祖父は絵を描き、指環を作り、時に舞台に立つというわゆる自由業の生活である。これらの不定期な仕事がどの程度の収入につながったのか、その実情は孫の私にはわかりにくいのだが、決して楽な生活ではなかったようである。

厳しい経済状態

父は最近になってはじめて「授業料をしばらく待ってくださいというお母さんの手紙を何度も成城学園の事務所に持って行ったよ」と話してくれた。質屋通いを何度もしたという祖母の文章もあり、厳しい経済状態を随分経験しているようである。気に入った骨董に囲まれた生活は、大いに贅沢ではあっても、生活費のやりくりはいつも容易でないという大変アンバランスな家計を平気で通す家庭であったと言えよう。

それは戦後も続いていた。昭和二十年代から三十年代前半は、父母と、それに私をはじめとした三人の兄弟が、祖父母と同居して生活していたのだが、いわゆる家計は教員である父の給料でまかなわれており、今思い返すとかなり逼迫したものであった。食費生活費は「一切おじいちゃん、おばあちゃんにもらっていなかった」と母は言う。

小学生の私は母と買い物に出かけることも度々だったが、天ぷら屋は〝揚げ玉を買う店〟と思っていたし、肉屋で買うのは〝小間切れ〟しかないと思っていた。給料日の直前に学校の給食費の徴収があると待ってもらうこともあったし、風邪で寝ている母に代わって夕食の買い物に行くことになり「三十円しかない、もやしなら十円買えばたくさんくるから……」と弟と相談した覚えもある。後年「貯金が出来るなんて生活は結婚後何十年も経ってからだった」と父が話したこともある。

祖母は昭和二十八年に「日本婦人団体連合会」の会長、ならびに「国際民主婦人連盟」の副会長に推され、それを引受け、三十年には「世界平和アピール七人委員会」を組織するなど、公的な役割で多忙だったから来客はたびたびだった。その接待のための菓子代は祖母が母に渡していたらしいが、ある時こんなことがあったと母は話す。

「今日はお客さん一人だから、そば饅頭を一つ買って来てちょうだい、私の分はいいわ」と祖母は言うから、家の目の前の和菓子屋で〝饅頭一つ〟を注文した母に、菓子屋の女房は「はい奥さん」と饅頭をへらではさんで直接母の手に渡そうとした。母が一人食べたくなって買いに来たと思われたらしい。「お客に出すんだから包んでちょうだい、と言ったんだけど……恥ずかしかった!」と母は言う。余分の菓子を買う余裕はなかったようである。応接間のはなやかさとはかけ離れた不釣り合いな家計状況と言わねばならない。

稼ぐことは全く苦手

「まづしさの苦しみを/なんと長くともにしたことであろう/絵はかけどもそれを売るわざを知らず/売れぬままに絵の具は買えず/デッサンすれど食のたしにはならず/しかもなほおのれが興味わきしもののほかは/なにひとつ手につかず/つねに愛する妻や子らを悲しませ

つ」と祖父はノートに書いている。それを見れば、祖父は自分の得る収入が十分ではなく、家族に貧しさの苦しみを味わわせていることは十分自覚していたようなのだが、それでも稼ぐための「賃金労働」は、どうやら一切しなかった。

「絵を売るには、粘らなきゃ駄目だよ。断られても粘らなくては！」と東郷青児に言われたが、自分にはとても出来なかった……、と祖父がどこかに書いたか、それとも私に話したのか？　はっきりしないが、それはいかにも祖父らしいなと思う。汚れ役が出来ないのだ、しないのだ。

祖父自身が書いているような「純粋な興味以外に目的を持たない」「命がけの道楽仕事」にとりかかると、とてつもない辛抱強さと根気を示し、作品を仕上げるには砕身の努力を惜しまない人であり、美的センスを注入して創造的な工夫を重ね、意を凝らした仕事をするこだわりの人ではあるけれど、それを金銭にかえる術を知らない。特に売り込むための営業的社交術には全く欠ける人なのである。

感覚的な過敏さという特性もこのことにかかわっていると思う。諸感覚器官の鋭敏さと共に、対人関係にあっても祖父は極めて敏感だった。わがままではあっても、自分の欲求の充足を他者に要求したり、自己を押しつけ主張することは出来ない人で、対人的には控え目であり、たじろぐことの多い人であった。感情的な烈しいやり取りが感覚的に耐えられず、他の人の心の中に抵抗感や、批判的雰囲気や、対立的な感情や、いわんや拒絶の気配をほんの少しでも発見すると、それに抗って相手に働きかけることはできない。そうした対人的なストレスには耐えられず、逃げ出し、退散するしかない人であった。

しかし一方、それとは違って、相手が受容的であり、相手の中に自分に対する肯定的な感情や好意や関心を発見すると、これまた極めてあっさり無防備になり、率直に自らの心を惜しげもなく開き、相手の心の中に飛び込み、こまやかな優しさと共感の喜びを伝え急接近する。一般社会的な常識からすると型破りな親密さと愛着を披瀝することもしばしばあった。祖母との共同生活に入る以前、二人とも二十代の頃のことを「奥村は、よそを訪ねたら適当な時間に切り上げるということが出来ないたちで、この癖は一生つづきましたが、わたくしの部屋でも、夜がふけても、容易に帰ろうとしないのでした」（II-150）と祖母が書いている。こうした祖父の性質は若い頃からのものであった。

〝わがまま〟〝子ども〟であることを非難しない祖母

祖母は「世にも稀れな一途さ頑固さで自分の好きなこと、したいことしか、生涯しようとしなかった奥村」（IV-305）と表現しているが、さて、こうした祖父を祖母はいかに受け取り、どのように見ていたのであろう。

定期的な収入につながる仕事を持たず、経済的には頼りにならない男である。それでいて、興味を持ったものには貪欲に食らいつき、後先考えずにわがままに追求する。そんなふるまいは、子どもっぽく、大の大人、それも男ならなおさら社会的には非難され、批判されるのが常である。

祖母は「仕事をすること自身にさほどの価値はない、その人自身の独立した内生活の反映であり唯一な人格の表現であるところにのみ仕事の貴さはある」（1-389）と書く。絵を描き、指環を作り、舞台に立ち、写真を撮るという祖父の「すきなこと、したいこと」のみを追いかけることを、祖母は「内的な人格の表現」と見ていたのだろう。

祖母自身「心の外の仕事に自分自身の魂をさらわれ、自由意志を閉じこめられたり」「心の外の仕事に自分自身を売ったり、汚したり」することを避けることを何よりも大切にしてきたと「わたくしたちの貧乏について」の中で書いている。そして夫にもいやな仕事を強いたりせず、博史の「仕事上のわがままやあの精神的贅沢」にあいそをつかすことをせず、「依然として経済的無法」＝アンバランスな貧乏生活を続けることが、祖父母たちの生活スタイルであったと言えよう。

祖母は祖父の「興味を持ったことしかしない」「わがまま」をむしろ大変貴重なことと受け止めていたらしい。一九二〇—二一（大正九—十）年にかけて市川房枝とともに祖母は新婦人協会の活動に忙殺された。その時東京田端の自宅の二階が事務所であり、市川は多忙のあまりそこに泊まり込むこともしばしばで、祖父母の家庭生活をつぶさに見ることとなった。「治安警察法第五条の修正請願運動」（女性の政治的活動の禁止条項の撤廃）のために寝る間もなく活動するらいてうと、収入にはつながらない演劇の稽古にのみ打ち込み、時にアトリエでピアノをポロンポロンさせながら歌を口ずさむ博史の様子を見るにつけ、市川は〝奥村が一家の経済上の苦痛の分担をしていない〟と感じ腹を立てたようである。事実、曙生五歳、敦史三歳半の二児を抱える二人の家庭生活は、経済的にも、体力的にも、勿論精神的にも、運動の逼迫した状況と絡んで当時は極めて深刻な危機的状況にあった。

それでも祖母は決して祖父を非難することはなかった。祖父のことを「餓死したってしたくないことはしない」人と言い、そんな祖父のことを以下のように書いている。

「実際彼は必要の前に自分をまげない点において私よりもはるかに強者であり、またかなりに徹底したエゴイストです。しかしまた同時に彼はたとえ何と思って、いくら努力しても自分自身の内に目的を持っていないような仕事にはとうてい堪えられない人間として生れついている生来の我儘者《わがままもの》だとも言えます。〔中略〕非難の言葉〔中略〕と義務の名によって彼を責めるようなことはできません。〔中略〕彼の魂の中に住んでいるあの子供が大人になることはないでしょう」（3-293）

ここで言う「エゴイスト」「我儘者」「子供」という祖父への形容は、否定的な評価でも非難でもない。祖母は祖父にいつまでも子供のままで居てほしい、と願っていたのである。むしろ、子供で、わがままで、純粋な興味以外に目的を持たない、命がけの道楽仕事のみに没頭する祖父を「自己の生命感情に忠実な生き方」と受け止め、それを貴重に感じ、たまらなく可愛く思い、尊重し、愛していたのだと言わねばならない。

博史の作品のある自宅で（1961年頃）

欲しないことは行わない「自由」を体現した生き方

「平塚らいてうとその学友——らいてう・博史」展が一九九八年、日本女子大学成瀬記念館で開催された。そこで展示された祖母の父・平塚定二郎の蔵書に、ルソー著『エミール』のドイツ語版があった。曾祖父定二郎はドイツ語に堪能だったから、これに目を通していた可能性は十分にあるが、ルソーの思想をどのように評価していたのだろうか？　それを知るための手がかりは残っていない。しかし、この本を買い求め、手元に置いていたことは事実である。曾祖父の家は東京本郷曙町にあったが、空襲で全焼している。焼ける以前に、祖母がそれをもらい受けていたことになる。

祖母はドイツ語は読めない。祖母がルソーについて直接語った形跡もほとんど見えない。しかし、大変おおざっぱな言い方だが、〝自然・子ども・自由〟についての考え方は、ルソーに近いものを持っていたように私には思える。それと共に私は、『孤独な散歩者の夢想』においてルソーが「わたしは、人間の自由というものはその欲するところを行うことにあると考えたことは決してない。それは欲しないことは決して行なわないことにあると考えていた」（ワイド版岩波文庫、一〇六頁）と書いていることを思い出すのである。

祖父博史は「いつの場合にも純粋な興味以外に目的を持たぬ」「命がけの道楽仕事」のみを貫いたのであり、「餓死したってしたくないことはしない」頑固者であった。これはまさに「欲しないことは決して行わない」自由を体現したような生き方と言ってもよいのではなかろうか。だからといって、家族を病気に陥らせたり餓死させるまで自分の欲求に固執してはいなかった。欲するところすべてを行ったわけではないことは言うまでもない。

祖母は、一貫して祖父博史の「欲しないことは決して行わない」自由を保障することに心を砕いていた。そんな風に、私には思えるのである。

第三章　娘・曙生と息子・敦史との「出会い」

「原稿なんか書かないお母さんになるといいんだけどなあ」

授乳姿のらいてう（1916年、画＝奥村博史）

個人としての生活と性としての生活との間の争闘

「かつて否定された女性は、人間でない「おんな」でありました。しかし、わたくしたちが、みずからすすんでみとめた女性は、人間としての女性でなければならなかったのです。こうして、自己の要求、自己の充実、自己の建設と、なにもかも自己に出発したわたくしたちの自我なるものは、恋愛という門をくぐって、恋人、夫、子どもへと、しだいに広げられてゆくことになりました。そしてここから、生活問題への直面という、現実がはじまります。これらの実生活の矛盾や、苦悶にみちびかれて、いままで小さな、個人主義的自我のなかに立てこもり、自己革命だけに終始していた『青鞜』の婦人たちも、ようやくいままでの個人的な立場から、目を社会に転じなければならないようになってきました。〔中略〕わたくし自身の青春も、このへんで終わったのではないかと思います」（II-288）

らいてうは自伝の第二巻の終わりを『青鞜』の終焉にふれてこう結んでいる。『青鞜』を舞台にした「個人主義的自我」の獲得に全精力を注いだ、らいてうの青春であった。思春期におけるらいてうのアイデンティティは、あくまで独立した一個の人間としての「自己」であった。

博史との共同生活を始めて一年半、一九一五（大正四）年夏に、博史は肺結核を発病する。この時のことを、十五年後の二九（昭和四）年四十三歳のらいてうは、次のように振り返っている。

「十五、六年も昔のことですがわたくしはおそらく助かるまいと思われた重態の夫を日夜看護しながら、夫の死骸のかたわらに、同じく自分も死骸となって横たわっている幻影に絶えず囚えられ、その幻影を払いのけることにまた絶えず悩んだことがありました。その時のわたくしにとっては夫の死は自分の死であって、夫がもし死んだら、自分もすぐ死のうという考え──というより衝動は、どんな理屈でも結局歯の立たない不可抗的な感情の要求であり、命令であるかのようでした。胎児のこと（その時わたくしは最初の妊娠中でした）、仕事のことなどももちろんそういう場合問題になっても、それらは心全体を動かすには微弱なものにすぎないのでした。そうしてわたくしの心はやはり、夫の病の癒えることを全身全力で祈り看護に身も心も砕いているその中で、夫の死を、それから自分の死を、自殺のさまざまな方法などまで絶えず思いつづけるのでした。／もしあの時、不幸にして夫が助からないのであったなら、わたくしもおそらく自殺していたことでしょう」（5-141~142）

博史との共同生活を選んで以後、博史の存在を抜きにしては在り得ない自分を、らいてうは実感するようになったのである。ここにおいて、らいてうのアイデンティティは「自己」だけではなく、博史を含めた、「二人一体」となっていたと言えよう。

右に引いた文章にある「胎児」が第一子曙生《あけみ》となる。その妊娠は、予定外のものであり、らいてうに不安と困惑と動揺をもたらすことになる。「自分自身を教養し、人間としてのまた個性あるものとしての内生活を築くこと」を第一の目標に生きてきたらいてうにとっては、子どもを持ちたい、母になりたいという欲求は全く自覚されていなかった。むしろ、子どもは、らいてうが何よりも尊重しようとする「個人としての生活」をかき乱し、疎外する要因と思われ、「堕胎」「里子」という思いも、らいてうの心の中には去来し、葛藤するのだった。妊娠をどの様に受け止めたらよいかに悩み迷う中で、ようやく気持ちを整理して書いたのが「個人としての生活と性としての生活との間の争闘について」である。

自分が妊娠しているという事実に動転し、苦悶しながらも、エレン・ケイの『母性の復興 *The Renaissance of Motherhood*』を読み、そこに引用されていたロバート・ブラウニングの「女らしさはただ母性にあり、すべての愛は、そこに始まりそこに終わる Womanliness Means only Motherhood ; all love begins and ends there.」(2-51) ということばにも教えられ、導かれて、心の中を整理していく体験がそこには綴られている。そうした内省と、自問自答の繰り返しの中で、思いがけず、らいてうは自らの心の底に潜在していた「子どもに対する欲望」や「母たらんとする欲望」を掘り起こし、探し当てたことをうちあけて、最終的に次のような思いに至った。

「ひとたび愛の生活を肯定し、そして自分から選んでこの生活にはいった自分が、しかも、今その愛に生き、その愛を深めかつ高めることに努めつつあるその同じ自分が、その愛の創造であり、解答である子供のみをどうして否定し得よう、それはあまりに矛盾した、不徹底な行為である。もし子供を拒もうとするならば、愛の生活全体をまず拒むべきであると」（2-50）

このように結論づけたとはいえ、らいてうは「個人としての生活と性としての生活との間の争闘」の容易でないことを十二分に自覚せざるを得なかった。

「今後の私の生活は分裂の苦痛を経験せずにはすまないでしょう。私の魂と私のもち得る限りの時間と精力とは自分の教養と、仕事と、生活のための職業と愛人と、子供と、家庭の上にどのようにか分け与えられていかねばならないことでしょう。そして私は私にとって欠くべからざる第一要件である精神集注を今後はいっそう乱されもし、減じさせられもしていくことでしょう」（2-52）

らいてうの精神生活においては、「精神集注」の時間は必要不可欠の「第一要件」であった。これと、子どもを産み、育てるために要する時間とは拮抗せざるを得ない。その困難を予測し、不安を抱きながらも決意した長女・曙生の出産だった。

個人主義と他愛主義

出産後、らいてうは「私は私を見て笑う子供の前で全く自身を忘れてしまいます。私の心は幸福と光明で一杯になってしまいます」（2-144）と、子どもの笑顔に感情の律動を実感すると共に、自らの内に存在する「母性」に気づき、驚きをもって確認している。

しかし、それでも「母としての一年」という一文では、子育てに手いっぱいで余裕のない齷《あく》齪《せく》した生活に追われ、充足出来ない自分があることも告白している。

「私はそこに充実した生甲斐のある自我の生活を、高められ、深められ、広められた自我の歓びを感ずることができませんでした。私は自分の生命が、自我の存在が希薄になったことを感ぜずにはいられませんでした」（2-273）

子育ての歓びと充実を一方で感じながらも、らいてうは、それだけでは充足出来なかった。それとは別個に「自分を生かす」ことを望む「個人としての私自身の内部の欲求」が満たされない思いがいつもあり、らいてうの心は葛藤せざるを得なかった。

「この意味から母としてのこの一年あまりの私の生活はエゴイズム（個人主義）とアルトルイズム（他愛主義）の絶えざる争闘であったとも言われるでしょう。／私がその初めにおいて私の恋愛を肯定したのは、私にとってはそれが自我の主張であり、発展であったことはいうまでもないことでした。しかるにこの自己の主張であり、発展であった恋愛は、実は人生の一面である他愛的生活に通ずる一つの門戸であったのです。やがて私の前にはO氏〔奥村博史〕に対する自分によって、次に子供に対する自分によって他愛主義の天地が自然と開展してきました」（2-274）

一九一七（大正六）年には第二子敦史《あつぶみ》も生まれ、二人の子の母としての生活経験を通して多くの葛藤を抱えつつも「自己と、夫と、子ども」を含めた、より大きな「母性」としてのアイデンティティを、らいてうは実感としてつかんでいくこととなる。

娘・曙生

らいてうの第一子、姉の曙生は、私の伯母にあたり、第二子、弟の敦史が私の父である。曙生伯母は、小さいころから「お父さんに似ている」と言われたそうだが、私から見ても祖父博史に似ていた。背が高く、一六〇センチを優に越えていただろう。体つきも祖父に似て後ろ姿の背中から腰にかけてはそっくりだった。一重の切れ長の目も祖父のものを受け継いでいる。伯母の大きな声を聞いたことがない。いつもひそひそ声で話していたのは、祖母に似ていたのだろう。もの静かで、無口な伯母であった。いつもはあまり表情を大きく外に表わさなかったが、夫・正二を亡くして病院から東京小金井の自宅へ戻った時に、長身の伯母が、小さな祖母の膝に泣き崩れていた様子が忘れられない。祖母が伯母の背を静かにたたいていた。その時も、祖母はあくまで冷静で、あまり表情を崩さなかったことも印象に残っている。

伯母は祖母のことをこう書いている。「母も私も口数の多い方では無いので、どちらかといえば会話の少ない方だったし、母は子どもにのめり込むたちではなかったので、私自身もそう甘えた記憶はないが、結婚し、母とはなれて始めて母のあたたかさ、やさしさを感じた気がする。母は地方に住む私たち一家に対して、私のことは勿論、夫、子どもに対しても細やかな心づかいをみせてくれた」（『いしゅたる』No．10、一九八九年春）

祖母が「子どもにのめり込むたちではなかった」ことを伯母は物足りなく感じていたのではなかろうか。面と向かっての対人的やり取りは苦手であり、感情表現は乏しく、思いは言葉になかなかならず、会話も滞りがちである祖母に、伯母は「甘えた記憶はない」のであろう。しかし、離れて手紙での交流になると、むしろ筆を通して思いがあふれる祖母であり、伯母は「細やかな心づかいをみせてくれた」と実感できたのであろう。

伯母が「母とはなれて始めて母のあたたかさ、やさしさを感じた気がする」と書いているのは気になる。「はなれて始めて」というのは、一緒に暮らした時には、あまり「あたたかさ、やさしさ」を感じられなかったのだろうか？　この記述からは、不満を含めた、ある種の淋しさを伴った思いが伯母の心に残っていたであろうことが想像される。

実際、祖母の葬儀を終えて帰宅してすぐに、伯母は私の母・綾子に「三、四歳の頃、やっとの思いで階段を登ってお母さんの居る二階に行って、ようやくお母さんの顔を見つけたのに、私の顔を見るとすぐ、お母さんは「ここは仕事をするところだから、下に行ってなさい」と言って……」と唇を噛みながら語ったという。五十歳代半ばになっても、伯母の心にはその時の悲しみがありありと残っていたのである。

止みがたい思いから社会的活動へ

伯母が語った「下に行ってなさい」と言われたというエピソードは、田端の家での出来事であろう。祖母一家が田端に住んだのは一九一八—二一（大正七—十）年である。曙生が二歳から五歳、敦史が一歳から四歳の時に当たる。神奈川県茅ヶ崎での祖父博史の結核療養は二年ほどで奇跡的に回復し、一家は東京へ戻り、第二子敦史の誕生の後、一九一八年に田端に移ったのである。

博史の看病と、出産育児を優先させた〝他愛主義〟を中心とした生活が続いており、そうした家庭内での活動の意味や歓びも味わってはいたが、らいてうの思い描く「生活」は、それだけでは不十分であった。「高められ、深められ、広められた自我の歓び」を実感できる、個としての自分がどうしても取り組みたい〝個人主義〟に基づく生活を求める思いが、らいてうの心に沸々と大きく湧き上がって来るのである。『青鞜』の編集から離れて三年余り経った一九一七年頃の思いを自伝では次のように書いている。

『青鞜』のときは、女性の立場よりも人間としての立場が先でしたが、こんどは、人間としての立場と同時に女性としての立場から、ぜひとも取組まねばならない社会的な仕事のあることがおもわれるのです」（III-30）

この思いに添って、田端時代のらいてうは、家庭の外での社会的活動に取り組むこととなる。

母性保護論争

出産・育児を体験する中で自己の内に「母性」を実感するとともに、らいてうは母性が尊重されていない現状の生活に苦悩する。子育てを中心とした主婦労働と、生活の経済的基盤を支えるための賃金労働とのせめぎ合いにおける苦悩である。特に、妊娠、出産、授乳にたずさわる期間において、女性がほとんど絶対的に労働が不可能となることを体験を通して実感する。物を産み出す労働には賃金が支払われるが、次世代を産み育てる労働には経済的裏付けがもてないという社会の現状に疑問がふくらむのであった。

かくて、らいてうは「家庭労働に――わけても子供を産みかつ育てる母の仕事に経済的価値を認めよ」（3-33）と主張し、「子供が母の手を必要とするある期間、国庫が母の仕事に対して報酬を支払う」「母の仕事に対する正当な権利を、社会に向って要求」（3-34）して「母性保護」

を訴えた。これに対して与謝野晶子は母性保護の主張は、男性に寄食したことと同じく、国家に寄食する依頼主義だとして反対し、女性の経済的自立をあくまでも主張した。二人の論争に山田わか、山川菊栄も加わって、いわゆる「母性保護論争」（一九一八—一九〔大正七—八〕年）が展開される。論争の発端は与謝野晶子の、『婦人公論』（一九一八〔大正七〕年三月号）に載せた「紫影録」の次のような主張からである。

「今後の生活の原則としては、男も女も自分達夫婦の物質的生活は勿論、未来に生きるべき我子の哺育と教育とを持続し得るだけの経済上の保障が相互の労働によって得られる確信があり、それだけの財力が既に男女の何れにも蓄えられているのを待って結婚し且つ分娩すべきものであって、たとひ男子にその経済上の保障があっても女子にはまだその保障がない間は結婚及び分娩を避くべきものだと思います。〔中略〕妊娠及び育児といふ生殖的奉仕に由って国家の保護を求めるのは、労働の能力のない老衰者や廃人等が養育院の世話になるのと同じことだと思います」

晶子の主張する「経済上の保障」が十分に用意できる女性がはたして、大正年代にどれほど存在したであろうか？　その頃の日本のほとんどの主婦は、「経済上の保障」をもってはいなかったに違いない。

これに対して、らいてうは「奥村との恋愛、共同生活、出産の体験を通して、女の女性としての生活は、個人的なものだけでなく、人類の中に、宇宙をつらぬく大きな生命そのもののなかに、一つになって生きるところにあり、そこに女の生きる無限の力があると確信」(III-33)して『婦人公論』五月号に書いたのが「母性保護の主張は依頼主義か——与謝野晶子氏へ」であり、以下のように主張する。

「元来母は生命の源泉であって、婦人は母たることによって個人的存在の域を脱して社会的な国家的な、人類的な存在者となるのでありますから、母を保護することは婦人一個の幸福のために必要なばかりでなく、その子供を通じて、全社会の幸福のため、全人類の将来のために必要なことであります。これほど母の職能は社会的性質をもっているのであってみれば、婦人が子供のために労働の能力を失っている期間だけ国家の保護を求めるのと「老衰者や廃人が養育院のお世話になる」のと同一に論ずるのは間違っていると思います。のみならずたとえ同一だとしても、それをもって非難の理由とすることはできますまい。何故なら保護者のない老衰者や廃人を彼らに代って世話するのは国家の義務なのですから。殊に生涯を通じて働いてもなお老後の生活の安全が保証されない、またはそれだけの貯蓄をなし得るほどの賃銀が得られないような経済状態にある現社会では」(2-353)

与謝野晶子は次々と十一人の子を生み、自らの筆で養い育てて来たスーパーウーマンである。そうした体験をもとに、晶子は、らいてうを「国家に対する依頼主義」として批判する。大正年代の当時、結婚以前の女性工場労働者は相当数いたとはいえ、女性の雇用機会は未だ少なく、幼少児の保育にかかわる社会的資源はほとんどない状態であった。

二十一世紀の今日、保育園、児童館、学童保育所等が徐々に数を増し、児童手当を厚くしようと厚生行政は動いている。それは、社会全体で子どもを育てようとする考えに基づくものであり、らいてうの言う「母性保護」の主張につながる動きと言えよう。

家庭か、仕事か、の葛藤

出産・授乳・育児を経験して、自らの内に「母性」を発見し、その母性を尊重し、護るような社会への変革を求める思いが、らいてうの心に湧き上がった。そして「やむにやまれぬ内部の衝動から取組んだ仕事」が「新婦人協会」の設立であった。しかし一方、幼い二児の母であり、家婦としての立場もあり、葛藤は深かった。自伝にはこうある。

「もうそのころ新婦人協会の運動に踏み切ってからのわたくしの生活は、子供たちの顔をしみじみ眺める心の余裕も、子供たちから熱心に呼びかけられ、話しかけられてもそれに答えてやるだけの、落ち着きも時間も失っていたのです。〔中略〕／そのために絶えず苦しみ、悲しみ、自らを責め、詫びながらも、子供への愛のために、母としての任務のために、自分のこの仕事を投げ出そうとは考えないわたくしでした。今、この現在においてこそ、家庭か仕事かそのどちらか一つが犠牲にならなくてはならないように見えるこの二つの生活の間にも、やがてはよき調和の見出せるときがくるだろう、この二つをふたつながら生かすところに自分の生活があり、またこれからの婦人の生活もあるのだという信念は、わたくしの裡に動くことがないのです」(III-79)

「半月あまりも淋しいおもいで待っていた五つと三つの子供たちは、わたくしの帰りを喜んで、そばを離れようとしませんけれど、それをふり切るようにしては二階の自分の書斎にかけ上がって、市川さんとふたりで例の新婦人協会の創立趣意書の発送をいそぎました」(III-81)

「生涯でいちばん忙しかった新婦人協会時代」(II-270)とらいてうは書いている。事務所は、田端の家の二階、らいてうの書斎に置かれていた。四、五歳の曙生伯母の心に、消しがたい悲しさと淋しさが刻み込まれたのがこの時であろう。父敦史も「階段のあたりでちょろちょろ遊びながら、お母さんを待っていた。一度は、階段から落っこったこともある」と話している。

協会の活動に参加していた奥むめおが、どこかで書いていたように記憶するが、〝用事で平塚さんの所を訪ねると、またお母さんが連れて行かれる、お母さんを取られる、と怯えてアッちゃん(敦史)に泣かれるのが、一番つらかった〟という、そんなこともあったらしい。父に聞くと「奥さんのことは覚えてるけど、そんなことがあったかな?」と言っており、自分が泣いたことは思い浮かばないらしく、特に悲しみとか、恨みの体験としては残っていない様子である。

新婦人協会の設立

らいてうは一九一九（大正八）年、名古屋の紡績工場を見て回り、次のように書いている。「紡績女工の大部分が〔中略〕十三、四から十五、六ぐらいの子供であった〔中略〕まだ親たちから十分な保護と教育とを受けているべきはずの遊びざかりの子供が子供らしい無邪気さも生々しさも愛らしさも消えはて、青黄色い、病人のようなひからびた顔をして綿ごみの立ち舞う中で〔中略〕十二時間という長い時間をいやおうなしに紡績台にその心とからだとを縛りつけられている」（3-94）

この「悲惨な光景」に直面し、「これが地獄でなくてなんであろう」と感じ、らいてうは動かざるを得なくなったのである。新婦人協会の機関誌『女性同盟』の創刊の辞に代えて書いた「社会改造に対する婦人の使命」に、当時のらいてうの問題意識と熱い思いがあふれている。

ここにおいてらいてうは、〝産む性〟としての女性＝母性は、社会を担う次世代を創造する源であり社会全体によって保護されるべきだとする「母性保護」を主張する立場から、男中心に作られた現存の社会制度の変革に向けた運動を組織しようとした。「婦人会館」を建て、婦人運動、婦人労働者の研修教育に役立てることが構想された。同時に「婦人参政権」の獲得が目指され、その前段として「治安警察法第五条の修正請願運動」が精力的に展開されるとともに、「花柳病男子結婚制限法請願運動」を提起する。

治安警察法第五条の第一項には、女子は「政治上ノ結社ニ加入スルコトヲ得ス」とあり、第二項には「女子及未成年者ハ公衆ヲ会同スル政談集会ニ会同シ若ハ其ノ発起人タルコトヲ得ス」となっていたが、そこから「女子及」の三文字を削ることを請願したのである。「社会改造に対する婦人の使命」は、著作集で十二頁に及ぶが、その一部を見ておこう。

「社会改造に対する婦人の使命――『女性同盟』創刊の辞に代えて」一九二〇(大正九)年

〔前略〕婦人が男子と異なる点においてすなわち女性である点において認められ、尊敬されたのでない限り、やはり婦人は永久に本当の意味では無視され侮辱されているよりほかありません。〔中略〕

こうしてこれまで男子からも認められず、また婦人自身もその価値を知らずにいた人間創造の事業、すなわち母となるという家庭における女性の愛の仕事はまったく新たな、尊厳なそして重大な社会的ならびに倫理的意識をもって婦人の心に復活してまいりました。〔中略〕恋愛、結婚、生殖、育児、教育を通じての人類の改造(社会の根本的改造)を最後の目標とするところの女性としての愛の解放、母たる権利の要求こそ最も進歩した婦人

運動の目的であるというところに到達したのであります。〔中略〕
――ちょうど私の心の成長の或る過程において、大きな力として私の生活のうえに加わって来た恋愛の洪水や母愛の泉の中で得たいろいろの経験と一緒になって、まだ性としての意識的な生活をもっていなかった、そして性を超越したところに自由な、高貴な精神を夢想していた十年前の私には到底想像も及ばなかった一つの信念を、女性としての私の生活上に確立してくれました。〔中略〕

私どもは母性を尊重し、母となる権利を主張します。しかし多数の婦人がパンに飢えている今日の経済制度の下においては、目前のやむをえざる必要から将来母となるべき多くの娘たちが工場において資本家の利己心の犠牲となって、彼女の若々しさと愛情の豊かさと彼女にとって何よりも大切な母性とを破壊されねばなりません。こうして人類は未来の生命を日夜に失っています〔中略〕また現に母である婦人も〔中略〕子供が母の手を最も必要とする時においてさえ、ただ生きねばならぬという最後の必要のために、いやおうなしにあるいは工場労働へ、あるいは自由職業へ走らねばならぬ場合が少なくありません。こうして多数の子供は現に危険に曝されつつあります。ことにはなはだしいのは婦人が産前産後ぜんぜん労働不能に陥る期間さえも母子の生活は社会によって保障されていないことです。〔中略〕

私どもは女性としての愛の生活を完成するため、言い換えれば婦人の本務を遂行するために、今日のこの不都合な社会を（婦人にとって同時に人類にとって）改造する必要を痛切に感ぜずにはいられなくなります。〔中略〕

女性としての立場から婦人の権利であり、義務である母の生活を完《まっと》うするための実生活上の必要から諸種の権利を要求します。〔中略〕私どもの参政権要求は、獲得した参政権を或る目的に向かって有効に行使せんがためであります。〔中略〕ある目的とは〔中略〕愛の自由とその完成のための社会改造であって〔中略〕各自孤立の状態にいては、到底その目的は達しられません。そこには団結が必要です〔中略〕組織が必要です。（3-164~171）

後年、新婦人協会設立時の思いを振り返ってこうも書いている。

「恋愛の自由を、母性の価値を、その権利を口に、筆に、百万遍高唱してみたところで、この現実がどうなることか！〔中略〕思想文芸運動に一人満足し、落着いてはいられないあるものを強く感じ〔中略〕新婦人協会が創立されました」（5-175~176）

平和、軍縮、反戦についての発言

新婦人協会の発会式（一九二〇年）は、第一次世界大戦（一九一四―一八年）が終わった直後で

である。博史と、子どもたちとの生活を通して、らいてうの視点は家族へと広がる。夫、息子が戦場に連れ去られる事への危機意識がいや増し、らいてうの筆は反戦、軍縮に向かうこととなる。新婦人協会の機関誌『女性同盟』で、らいてうが以下のような文章を綴っている事にも注目したい。

「社会改造に対する婦人の使命――『女性同盟』創刊の辞に代えて一九二〇（大正九）年

男性社会においてあまりに容易に行われる戦争は、いっさいの生命の愛護者である母の世界においては、最も憎悪すべく、最も戦慄すべき罪悪であるにもかかわらず、彼女らの意志などに少しも頓着することなしに常に開始されます。〔中略〕愛の結晶として創造された無数の人間が公然と殺戮される大惨事を目撃しながらも、何らの発言権も与えられていない彼女たちはあまりに大きな打撃と、あまりに大きな苦痛のために、その心は粉砕さ

新婦人協会結成時の一家（1920年頃）

れている場合でも歯を食いしばってただ傍観しているよりほかありません。（3-168）

「武力偏重の思想を排す」一九二一（大正十）年

世界の平和を目的とし、軍備の制限をその規約の一つとする国際連盟〔中略〕を守り育てていくことこそ締約国の一つたる我が国の当然の義務であり、同時に人類を愛し、人類の進化を信じ、その平和を希う者の総がかりで努力せねばならぬことではないでしょうか。〔中略〕生命の尊重者であり、平和の熱愛者である婦人は国際連盟の健全なる成長発達の上に、世界平和の完成の上にも、また婦人としての社会的使命があることを感じております。〔中略〕私は以上のような立場から我が社会の一部にかなり有力なものとして今日なお残存する武力偏重の一切の思想を排斥します。（3-227~229）

「軍備縮小問題」一九二一（大正十）年

武装的平和の迷夢が遺憾なく打破された大戦〔第一次世界大戦〕の後〔中略〕軍備縮小が世界的輿論となった真只中〔なのに〕この問題は〔中略〕実際においては公然無視されているのが今日の状態であります。／なぜ全人類が要求していることが、そして今や動かしがたき世界的輿論となっていることが、実際問題として現実の国家の上に行おうとする時こうも多くの困難に遭遇せねばならないのでしょうか。もしそうだとすれば国家というものは少なくとも現実の国家は我々人類の敵だといわれはしないでしょうか。私どもはある定められたる国の国民であるとともに、常に世界民であり、宇宙民であります。世界民であり、宇宙民である私どもは、地上の全人類が相愛相助の共同生活を営むことを望み、またそうした生活を営みうるところの世界の制度組織を望んでいます」(3-238~239)

第一次世界大戦後、らいてうは、軍備縮小、反戦、平和を願い考える中で、「国家」というものが持つ限界を見つめ、「世界民」「宇宙民」という壮大な概念に基づく自己意識を育て始めている。この点は、今日においても大いに注目に値しよう。この視点が第二次大戦後の「世界連邦」という考え方につながっていくこととなる。

過労から療養生活へ

夜討ち朝駆けで議員をつかまえ説得する不眠不休に近い一年半の活動の後、らいてうは、大きく体調を崩すこととなる。

外出先で、はげしい頭痛と抵抗のできない吐気に襲われるようになり、協会での活動を維持し得ず、一九二一(大正十)年夏には、一家で千葉県竹岡海岸に療養している。その後、栃木県佐久山、塩原、それに静岡県伊豆山と療養生活が結局一年半余り続くこととなる。「新婦人協会」での最初からの同伴者市川房枝も一年余の活動で疲れ果て、アメリカへと旅立ったのであった。

それでも坂本真琴、奥むめお等を中心に請願運動は継続され、一九二二（大正十一）年二月、三年越しの活動が実って、ようやく治安警察法第五条修正案は可決された。婦人が政治集会に参加する権利が、ここに初めて法的に認められたのである。

らいてうが体調を崩し療養生活に入らざるを得なかったことは、結果的には、博史を含めた親子四人が、水入らずで四六時中一緒にいられる生活をもたらした。

「わたくしが過労のため、ついに療養生活を送らなければならないことになったのは、子供たちにとっては仕合せなことでした。わたくしのすべての精力と、すべての時間とを奪っていた、新婦人協会から、わたくしは再び否応なしに、家庭へ戻って来たのですから」（III-238）

成城学園入学

家族四人で野原を歩き、湯につかる転地療養により、らいてうの頭痛と吐気の発作も、完治はしないが徐々に減って間遠になっていた。

「子供の教育の問題で、さんざん迷ったあげく別れがたい山や、雲や、森や、水に別れて、ただ子供らの学校のためばかりに、帰りたくもない東京へ帰って来た」（III-238）のが一九二三（大正十二）年春である。渋谷区千駄ヶ谷、世田谷区千歳烏山を経て、一九二七（昭和二）年に成城に住み、曙生、敦史は「成城学園」の小学校に通うこととなる。授業料の高い学校へ入れたのは「むしろ教育をしてくれないような学校へ入れたいのがわたくしの願いでした。〔中略〕わたくしの気に入ったことは、あのいやな国定教科書を使わない」（4-187）からであった。

大正時代、新しい教育理念に基づく学校が種々模索されたが、成城学園もその一つであった。澤柳政太郎、小原國芳が中心となって牛込区（現・新宿区）原町に一九二二（大正十一）年に小中一貫の私立校として始まり、二五（大正十四）年に東京世田谷の現在地へ移転した。個性の尊重を第一として、一斉授業ではなく、生徒は、各自が自分の興味と能力に応じて自学自習し、その成果を先生のところで毎日確認してもらう形であった。父敦史には自由な校風が大変合っていたという。一時は烏山から一時間かけて歩いての通学だったが、小学校では演劇部、中学ではサッカーに夢中になり、オートバイや自動車のメカニズムに興味をもち、航空機に魅了される少年となり、楽しい成城学園での生活であったと父敦史は話している。

野草が繁茂する武蔵野の自然に囲まれる暮らしの中で、家族四人、比較的穏やかな生活が続いた。それでも、らいてうの「仕事」と「家庭」の葛藤は続くのだった。

「原稿なんか書かないお母さんになるといいんだけどなあ」

一九二四（大正十三）年に書いた「母としてのわたくしの生活」では当時を振り返り、次のように書いている。

「ふりかえってみますと、母となってから——大きな不安や恐怖や荷にあまる責任感や、希望や期待や、喜びや厭わしさのさまざまの矛盾だらけな感情をもって母となってから、もう八年というかなりの年月を過ごしてまいりました。〔中略〕今一口に言うなら、母となってからのわたくしの生活は、子供に対する愛と個人としてのわたくし自身の要求との間の絶え間ない相克と、それに絡まる生活難との戦いであったと言い切ることができます。〔中略〕自分自身の仕事を完成しようという自分の個性的な——同時に社会的な——欲望を漸時に抑えつけて、いつからということなしに、自分の全生活の中心が子供の上に移動してきました。〔中略〕母親としての婦人の家庭生活と、個人としてのまたは社会人としての婦人の生活〔中略〕この二つの生活は相容れがたいものであることをわたくしは涙ぐましい心で思わねばなりませんでした。〔中略〕家庭における愛の生活と仕事との二つの間を、ある時は家庭にあつく、ある時は仕事にあつく、絶えず右へ左へうねりながら、わたくしの不徹底な心はかなりに長い年月をさまよい歩いたことでしょう」（4-23～25）

そして、子どもたちの次のような発言に困惑する。

「「お母さんはなぜ原稿を書くような人になったの、書くのがすきだから書くの。お母さんが原稿なんか書かないお母さんになるといいんだけどなあ」／「なぜよそのお母さんは原稿を書かないで子供とばかりいつも遊んでいるの。××ちゃんのお母さんは子供といっしょにいつでもカルタをするわ、スゴロクもするわ、〇〇ちゃんのお母さんは羽子《はね》だっていっしょについたわ。うちのお母さんは今遊ぶ、もうすぐ、もうすぐ言っちゃあなかなか遊ばないのね」／「もう書けた？　原稿。あと何枚？　早く書いちゃってよう、短くたっていいじゃないの」」(4-25)

こうした子どもたちの発言が記録されているが、父敦史に聞くと「そんなこと言ったかな？　覚えてないなあ」と言うだけである。祖母が外出することが多い時期もあったし、家にいても、原稿に追われて部屋にこもりがちであり、淋しい思いを体験しないわけにはいかなかったはずで、母に対する不満もあったに違いないのだが、祖母に対する、そうした否定的な記憶が、父にはほとんど残っていないのは不思議である。

息子・敦史

曙生の弟にあたる私の父・敦史は、背の高さは一七〇センチ台半ばで、当時としては長身であり、それは祖父・博史から受け継いだのであろう。しかし、頭の小ささや、癖っ毛は祖母譲りである。内向的性格の色彩が強いのも祖母と似ている。父から、祖母に対する批判的な言葉を聞いたことは一度もない。父が小学生の頃、出かけた祖母を駅の改札口で長いこと待っていたことを話してくれた時も、「甘ったれだったから」と自分を自嘲的に語るばかりで、祖母を責めるような口ぶりは一切見せなかった。

「甘ったれ」と自分を言うのは、〝甘えさせてもらっていた〟という思いがあるのであろうし、〝甘えを許してくれる、充足させてくれる〟母親のイメージが心の中に生きていることを示しているとも言えよう。

私は祖母が調理する姿を全くと言ってよいほど見たことがなかったので、中学生の頃「おばあちゃんは、料理なんか出来ないんじゃないの?」と何かの折にもらすと、即刻父は「おばあちゃん、料理うまいよ!」と普段は比較的小さめの声で話す人が、声を大きくして、ビックリさせられたことがあった。料理を作り、おいしいものを食べさせてくれる、慈しみの母のイメージが父敦史の中では生きていた。「おばあちゃんは魚が好きだった。よく煮たり焼いたりしてくれた。おばあちゃんは、煮魚を食べたあと骨に湯を注ぎ、スープを飲む〝猫痩せ〟までして食べることもあった。コンビーフを使ったシチューもあったなー。山芋をおろしたトロロもよく作ったが、あれはおじいちゃんが好きだったからかもしれない」と、表情をなごませて食事の想い出を語るのである。

伯母も父も、法的結婚手続きをとらない「共同生活」の中で生まれた子であった。博史が認知してはいても、当時の役所の吏員は「認知しているのなら父の戸籍へ入れるべきで、母の籍では庶子にはできない」と頑《かたく》なで、母・平塚明の戸籍に入った姉弟は「私生児」として登録されていた。

父と母の姓が違う中で育ったことについて「どう感じていた?」と私が聞いた時も、父は「別に、特に何もない」とのみ言うのであった。どう考えても、大正・昭和の時代の中で、その事が話題にされたり、時には冷やかされたりしたことがないはずはないのだが、父はそうした体験に関しても、辛さや苦しさを私には一言ももらしていない。

それでも、祖母が亡くなった後、青山葬儀場での告別の日、会葬して下さった方々に対して最後に挨拶に立った父は「私が物心ついた大正の頃、母は世間から好奇の目、冷たい目で見られていました。ところが、今日、こんなにも多くの方々から母を支持する優しい言葉を頂戴して、母はきっと大変面映い思いでいると思います」と話した。

「世間の好奇の目、冷たい目」を感じ、気が付いてはいても、それで動揺したり、ひるんだりすることは一切見せない息子であった。それは母に対する信頼が揺るぎなかったからこそ出来たことであるに違いない。

生活協同組合を立ち上げる

新婦人協会では社会改良主義の立場から国会請願運動を展開したが、その後、資本主義経済そのものを検討批判し、らいてうはやがて階級意識を明確に自覚し始める。クロポトキンの『相互扶助論』に学んで「協同的自給自足の経済」に希望を見出し、消費組合「我等の家」を一九二九（昭和四）年に東京世田谷の成城で立ち上げ、十年の長きにわたって担うこととなる。当時、女性の組合長は珍しかった。らいてう自らガリ切りをして広報、ビラを刷り、時に販売用のコロッケを揚げ、小学生の子どもたちも店番を手伝った。

相前後して、一九三〇（昭和五）年、高群逸枝の「無産婦人芸術連盟」にも参加する。男の闘争的、覇権的運動の進め方を批判し、相互扶助的、平和的な「台所」の変革運動から資本主義経済を切り崩すことが「女性の生活と心情とに最も相応しい」との考え方を育て、実行する期間であった。しかし、三八年国家総動員法成立に伴い「我等の家」も存続しがたくなり、自ら閉じざるを得なくなる。

以下に示す高群逸枝の主催する無産婦人芸術連盟の機関誌『婦人戦線』に、らいてうはその思いをまとめている。

「婦人戦線に参加して」一九三〇（昭和五）年

〔前略〕『青鞜』は婦人自身によって叫ばれた婦人の個人的自覚の第一声であった。そしてこの「第二『青鞜』」『婦人戦線』は婦人の立場として真に最初の社会的自覚における起ち上がりであると高群さんは言われます。〔中略〕新婦人協会創立時のわたくしは、〔中略〕社会改良主義的立場以上のものでなかった〔中略〕。現在のこの資本主義——少数資本家が多数労働者を搾取し、富を独占し、多数者を永久の貧困に陥れるこの経済組織そのものの根本的建て直しを女性の立場から、同時に階級の立場から要求しないではいられなくなってきました。〔中略〕

マルクス主義社会運動は、第一その運動方法において〔中略〕第二にそうして実現されるマルクス主義の社会組織形態において、わたくし自身の本性〔中略〕との間にとうてい相容れないあるものを感知させ、〔中略〕協同組合運動により多く引きつけられていきました。〔中略〕男性の争闘本能を刺激し、階級争闘の激化に努め、資本家階級からその権力を奪取せんとする運動とは違い、〔中略〕争闘によらずもっぱら女性の掌中にある最も日常卑近な台所の消費生活を相互扶助の精神により協同の基礎の上に建て直すというまことに平和な、それでいて最も具体的な、実践的な手段、方法を通じて、資本主義組織を確実、有効に切り崩しつつ同時に協同自治の新社会を建設していくこの運動こそ女性の生活と心情とに最も相応した〔中略〕運動である〔中略〕。

消費組合が目指すところの社会は権力的大社会ではなく、各個人の自由と任意によってつくられた協同組織団体の自由連合による自治社会であるということです。〔中略〕
母性主義の立場から、協同組合の経済的自治社会の建設を理想とするわたくしは、また当然、無政府主義社会思想に、その理想社会の組織形態に興味と共感を見出さずにはいられないわたくしです。〔中略〕
二十年前、人間としての個人的自覚に出発したこの国の婦人は、女性としての、さらに無産階級者としての社会的自覚に到達し、新しき自治社会の建設へ、新しき母性文化の創造へと躍進すべく今また新たに起ち上がったのです。（5-173~182）

らいてうの動きに対する批判

大正時代、社会変革をいかに進めるかについては、諸々の主張がなされ、論議は沸騰していた。らいてうが「新婦人協会」を立ち上げると、支配階級からの批判はもとより、資本主義社会を革命という形で変換させようとする人々の側からも攻撃されることとなった。新婦人協会の活動について、社会主義の婦人たちにより組織された「赤瀾会」の山川菊栄は次のように批判している。

「平塚氏最近の思想は、青鞜時代の遊戯本能に、革命来の警鐘に惰眠を驚かされたブルジョア婦人の、吾と吾が良心を欺く手だてにすぎぬ慈善道楽とを加味したものにすぎない」「ブルジョア流の自惚れとお為ごかしの慈悲心以外、青鞜時代以上に進歩した思想の跡を、吾々は平塚氏について見ることは出来ないのである」（一九二一〔大正十〕年『太陽』七月号）

山川からの厳しい批判を受けながらも、らいてうは一九二八（昭和三）年『東京日日新聞』（二月六日付）において「婦選運動者へ――全婦人団体よ、婦選をその綱領に掲げる無産政党を応援せよ」と呼びかける。確かに住井すゑや、吉野せいのように苛酷な極限の労働体験を持ってはいないが、中産階級の出身でありながら、らいてうのアイデンティティは、無産階級の立場にあることを表明している。

「平塚」から「奥村」へ

父はずっと「平塚敦史」を名乗って育ったが、一九四一（昭和十六）年に、らいてうと博史が婚姻届を提出したことに伴い、敦史も奥村姓に変わっている。その時、父は大学卒業を間近に控えており、卒業すれば間もなく徴兵を覚悟せねばならない時代であった。父は徴兵された時には、大学での専門を生かして技術士官として働くことを望み、そのための幹部候補生試験を受けたい気持ちをもっていた。しかしその頃、幹部候補生試験を受けても「私生児」では決して採用されないことを知った祖父母が、婚姻届を提出することを決意したという。

「急に奥村に変ったことをどう思った?」と私が聞いた時、父は「お母さん(らいてう)に「籍を奥村にした方が、お父さんの気持ちが落ち着くから」と聞いて、そんならそれで良いと思った」と言うだけであった。どこまでも母の気持ちを大事にし、尊重しようとする息子である。

祖母が亡くなった後、荷物を整理すると、小さな包みにくるまれた手紙が出て来た。三十年も前に息子・敦史から送られた手紙の束である。一九四一(昭和十六)年十二月八日に太平洋戦争が始まったために、翌年三月に大学を卒業する予定だった敦史は、急遽十二月に「繰り上げ卒業」となり、割り当ての就職先、名古屋の三菱重工業へ十二月末に配属された。三菱重工業では零式艦上戦闘機が作られていた。

祖母の心配した通り、早くも翌年一九四二年二月に、敦史は軍隊に召集され、千葉県柏の東部一〇二部隊に入隊、二等兵としてさんざ絞られ、その年の七月には甲種幹部候補生試験に合格して、東京都福生の航空整備学校へ、十月には航空技術将校として水戸の飛行学校へ、さらに四三年一月には立川での見学実習教育を受けた後、市ヶ谷の陸軍航空本部の調査班へ配属されることとなった。

その当時敦史が母・明に送った手紙が、祖母の遺品の中に遺されていたのである。祖母は茨城への疎開をはじめとして、三十年間に四回の引っ越しをしているが、その間ずっと敦史からのこの手紙を持ち続けていたことになる。よそから来た手紙にしろ、自分の書いた原稿にしろ、ほとんど取っておくことをしない祖母だったが、例外的に、敦史からの手紙だけはずっと身近に置いていたのである。

一九四四年一月、私の父母、敦史・綾子は結婚した。その初夏に書いた敦史の手紙では、綾子の妊娠（これが私・直史となる）を報告するとともに、「妊娠した妻をもつ、夫たるものの心得を、至急お教え下さい」と母に書き送っている。教え、導き、守ってくれる母の姿が、三十歳に近い息子の心の中にしっかり存在していたのである。父も祖母も口数は少なく、直接話すことは多くはなかった親子だが、手紙を通したやりとりでは大いに率直であったと言えよう。大変近しい母・息子の関係がそこには見える。

祖母は生涯に十数冊の本を出しており、歿後には自伝四冊、著作集七冊もまとめられているが、父敦史は、『雲・草・人』と『女性の言葉』を少し読んだことはあるが、他は……」と言う。自伝も、著作集にも余り目を通してはいないらしい。

父にとっては祖母は、あくまで母であり、どこまでも母でしかなく、自分が直接やりとりした母のイメージが何よりも大切であると同時に、それで十全だったのであろう。社会的な活動をする〝らいてう〟としての姿を確認しようとはしなかったようである。

「それはおあいこで、おばあちゃんだって僕の論文を読んだことはないんだから、同じだよ」

と父は言う。確かに五百頁に及ぶ父・敦史の学位論文「構造物の振動問題に関する一寄与」を祖母も祖父も読めるわけがないのである。それでも博士論文が通った時、祖父母は大いに喜んで、大奮発して背広を一着仕立ててくれたという。三十九歳のそれまでは、「おじいちゃんのお古ばっかり着てたけど、それが初めて仕立てた背広だった」と母は振り返る。

後年、二〇〇一年に記録映画『平塚らいてうの生涯──元始、女性は太陽であった』の試写を見て、父敦史は監督の羽田澄子さんに「有り難うございました。母があんなにたくさんの社会的活動をしているとは知りませんでした！」と話している。

「子どもを産んだことはほんとうによかった」

らいてうは、二人の子どもが二十歳を過ぎた一九三七（昭和十二）年に書いた「母である歓び」において、以下のように子育てを振り返っている。

「この期間の生活体験ほど、わたくしというう人間を、まるで別人のごとくにし、わたくしの心を、その思想を、感情を変えてしまったものはありません。〔中略〕子供とその父とを護るため、この二十余年の家庭生活に生きて、わたくし自身の中の個性的なものを、次々と投げ捨てなければならなかったことも、またそのために、いうところのわたくしの仕事のうえに支障の多かったことも、他人は何と言おうと、わたくし自身にはいささかの悔いもなく長い間の数々の母の忍苦も、この大きな人類的な、深い生命の歓びの前には、いつか消えて、悲しさも、苦しさ、辛さも、今は何もかもみんな甘い、なつかしい涙の思い出と変っています」（6-211~212）

八十歳を過ぎたらいてうが、小林登美枝さんに次のようにもらしている。

「今にしてつくづくおもうことだけれど、子どもを産んだことはほんとうによかったわね……」（III-329）。この言葉は、子どもとの出会いが、今の自分の思想と感情を含めた己の「心全体」を作ってくれたことに対する歓びであり、感謝であり、充足感、満足感を表明した言葉であるに違いない。

「個人」「階級」「共同社会」の発見

らいてうは、一九三〇年の「本能としての共同心の発展」において、こう書いている。

「近代において人類は三つの大きな発見をした、その第一は個人の発見であり、第二は階級の発見であり、第三は共同社会の発見であるというのは真実です」（5-229）

一九一一年青鞜社『青鞜』、二〇年新婦人協会『女性同盟』、三〇年無産婦人芸術連盟『婦人戦線』と歩いてくる中で、らいてうは「個人」「階級」「共同社会」を次々に自覚し、実感し、主張し、訴えてきたのである。

青鞜社に参加した時は「個人」に目覚め、自己の思いをそのままに外連味《けれんみ》なく行動に移した。それが社会的な非難にさらされ、「新しい女」として揶揄されることともなった。その体験を通して、既存の社会が「女」である自分を、人間としての「個人」として全く認めていないことを、驚きをもって自覚せざるを得なかった。そうした社会に屈服することなく、婚姻手続きをとらず、博史との「共同生活」を始めることを選び、やがて子どもを産み、育て、扶養する立場を担うこととなる。ここでは、生活を支えるための仕事と、母としての役割との葛藤が待っており、原稿執筆という労働以外に収入のない「階級」にいる自分を実感することになった。こうした階級制度を克服する社会変革を求めて、らいてうがやがてたどり着いたのは「共同社会」という夢であり、その実現を目指して協同組合「我等の家」を運営することとなった。

かつて青鞜時代の個人主義的自我の追求に行き詰まり、婦人問題の解決が社会的関係につながっていることを自覚した時、らいてうは「わたくし自身は、もはや自分の身に合わなくなった『青鞜』というキモノ〔中略〕を何の未練もなく道ばたに脱ぎ捨ててしまいました」(4-304)と書いたが、『青鞜』以後も、らいてうの脱皮は繰り返されたのである。

第四章　嫁・綾子と姑・らいてうの「棲み分け」

「神様のような主婦がいてくれたら」

綾子が贈ったお気に入りの着物で（1965年頃）

家事労働に明け暮れた疎開生活

『平塚らいてう著作集』補巻の著作目録を見ると、一九一一（明治四十四）年の『青鞜』創刊以後、らいてうは毎年少なくとも十数編、時には短いものも含めて三十—四十編の文章を公にしている（体調を崩し転地療養した二年目の一九二二年は例外的に四編と少ないが）。一四（大正三）年に博史との共同生活を始めて以後、基本的には祖母の著述の原稿収入によって生活は支えられてきた。しかし、太平洋戦争の始まった四一（昭和十六）年から、疎開生活をはさんで、四七（昭和二十二）年までの七年間はほとんど書かず、毎年三編以下しかない。四三年、四五年は全く書いていない（一九八四（昭和五九）年の著作目録（『平塚らいてう著作集』補巻、大月書店）以後に発見された原稿を加えた二〇一一年の著作目録（『わたくしは永遠に失望しない——写真集平塚らいてう人と生涯』ドメス出版）によると、一九二二年の著作は五篇、一九四二（昭和十七）年三月から四七（昭和二十二）年三月の疎開中の著作は七篇である」。生活資金は成城の家を人に貸したわずかな家賃収入だけであった。そうしたこととも関連しているのだろう、疎開先では、近くに住む姉をはじめ地元の人に教わりながら、畑を耕し、山羊を飼うことに取り組み、半ば自給自足的生活を送っている。

「南瓜、里芋、いんげん、とうもろこし、生姜、馬鈴薯、甘薯、カブ、菜っ葉類、それに奥村の好物の落花生などを作り〔中略〕なにしろ、にわか百姓のことですから、少し油断すると雑草で埋まってしまい、虫はつくというぐあいで、近所の農家の畑にくらべると、はずかしいようなできぐあいでしたが、下肥えも自分で汲みだし、畑に撒きます。〔中略〕わたくしは姉から、または近くの農家の「かあちゃんたち」から、ずいぶん多くのことを学びました。甘酒の作り方、味噌のしこみ方、梅干、らっきょう、梅酒のつくり方、いろいろの漬物類、餅の搗き方、そばやうどんの打ち方、芋飴のつくり方など、いままでの消費的な都会生活では、あまり縁のなかったことを、たくさん学んだのでした。〔中略〕この労働生活は、相当骨のおれることばかりでしたが、人より特別に小さかったわたくしの手足がこれで育ち、八文だった足袋が八文半でなければはけなくなり、それがやがて九文でちょうどよくなり、手袋も今までのように、子供用のものでなくてよいように

戸田井にて（1947年）

なりました」（IV-25~27）

祖母は、戸田井での疎開生活では農耕を含めた家事労働を自ら担っており、手押し井戸を使って、大きなたらいで洗濯もしていたのである。

家事一切を「嫁」に任せた生活

私の父母・敦史と綾子が結婚したのは一九四四（昭和十九）年である。祖父母は疎開しており、東京市ヶ谷の航空本部に勤務する父は都内在住であり、当然、祖父母とは別所帯の生活であった。敗戦後二年して、四七年に祖父母は人に貸していた成城の家に戻ることとなる。その前年に一足先に庭先に建つアトリエに越して来ていた父母と、二歳の私と、祖父母を含めた五人の生活が成城町の家で始まった。

疎開先では、農耕を含めて家事労働に追われた生活であった祖母だったが、「嫁」の綾子と同居すると生活は一変する。自伝にはこうある。

「東京へ帰り、敦史一家といっしょに暮すことになって、わたくしの身辺はとみにのんびりしてきました。嫁の綾子に家のことはすっかり任せきり――綾子は家庭的な人で、わたくしなどよりよほど、家事のすべてに長じていましたから、家のことといっさいを任せてなんの懸念もありません。何もかも任せられる嫁の身になれば、重いお荷物を背負うことになって気の毒ですが、わたくしはその境涯を、なんともありがたくおもったことでした。／来客の多いことで、いつも綾子にめいわくをかけることを、心苦しくはおもっていました。けれども、いつも愉快そうな表情できげんよく働いている綾子に甘えて、わたくしは結婚いらいはじめて、奥村を置きっぱなしにして、心おきなく旅先に滞在することができるようになりました」（IV-66）

「家事」は一切、嫁（＝私にとっての母）まかせの生活であった。祖母がたらいを抱えて洗濯する姿や、台所で立ち働く様も全く思い浮かばない。頭にスカーフを巻いて腕まくりで祖父母の部屋にハタキをかけ、帚《ほうき》で掃くのは母であった。昭和三十年前後は、買い物籠をさげて惣菜のための買い物に出かける時代だったが、買い物籠をもった祖母の姿を、私は一度も見た覚えがない。

原稿を書くために逗子や箱根に長期滞在することはあっても、祖母は成城の家で日常的に外出することはなかった。散歩にも出なかった。郵便を出すことは、私が小学生低学年の頃からよく頼まれる仕事であった。基本的に、「家事労働」は一切嫁にまかせて、祖母は机に向かって、読み、書くだけの生活であった。

祖母は、「家事労働」「育児労働」を含む、いわゆる「主婦労働」というものに関して、若い頃から度々、折にふれて考え、書いており、その思いは生活状況の変化に伴って曲折し、時に屈折しながら、葛藤してきた。その思考経過を、以下で振り返ってみたい。

「家事」は厭うべきもの

『青鞜』発刊に際して「元始、女性は実に太陽であった」と書いた時、らいてうは、父母と同居しており、経済的には自立しておらず、父に扶養される「娘」として生活していた。「『青鞜』発刊に際して」の文章の後段には、以下のような記述が見られる。

「隠れたる我が太陽を、潜める天才を発現せよ。」〔中略〕この叫声、この渇望、この最終本能こそ熱烈なる精神集注とはなるのだ。／そしてその極まるところ、そこに天才の高き玉座は輝く。〔中略〕私ども女性もまた一人残らず潜める天才だ。天才の可能性だ。／〔中略〕久しく家事に従事すべく極めつけられていた女性はかくてその精神の集注力を全く鈍らしてしまった。／家事は注意の分配と不得要領によってできる。／注意の集注に、潜める天才を発現するに不適当の境遇なるが故に私は、家事いっさいの煩瑣《はんさ》を厭う」(1-18~19)

これがらいてうの『青鞜』発刊当時、二十五歳の時点での「家事」についての基本的な考え方だった。「家事」は「精神集注」を妨げるものとして厭うべきものであった。博史との共同生活を始めた頃も、家事労働はらいてうにとって負担でしかなかった。

「炊事は、その折おりの都合でどちらかが引き受け、また時にいっしょにしました。奥村は自炊をしたことがあるので、フランス製の小さなオイル・ストーブや、貧乏に似合わぬしゃれた炊事用具を少しばかりもっていて、料理もうまくつくりました。女子大家政科で、三年間料理を習ったものの、まったく家事には興味がなく、仕事に気をとられて、煮ものをよく焦がすようなわたくしに較べて、まだしも奥村の方が、おいしいものをつくってくれたものです」（II-188）

二十八歳のらいてうは、本を読み原稿を書く「仕事」にのみ熱中しており、家事、炊事を楽しむ様子はなく、それはむしろ負担と感じていた。「二人分つくるのも、四人分つくるのも、手間は同じことだから、炊事を引受けましょう」と言ってくれる伊藤野枝の提案を「台所から解放されるのがなによりもうれしく」辻潤・野枝夫妻の家の近くへ引っ越したこともあったが、「金盥《かなだらい》がすき焼鍋に変ったり、鏡を裏返して、俎板《まないた》代わりに使われたり」する野枝の「仕事は手早い代りに、汚いことも、まずいことも平気」（II-190）な料理に耐えきれず、らいてうと博史は、間もなく「めし屋」に通う生活となる。

「私にはどうして家事が身につかないのだろう」

二十九歳で、妊娠、出産、育児を体験する中で、らいてうが、自分の関心から発する仕事と、母の任務としての仕事の間で大いに葛藤し、悩んだことについてはすでに触れたが、次のような記述もある。

「母の仕事というものは、無数の不規則な雑務の連続で、かつて経験したことのない気ぜわしさ、とりとめない腹立たしさのような焦燥感に〔中略〕わたくしは、自分の生命が、自分の存在が、どこへ行ったのかとなにもかも自分から奪われてしまったことを悲しまずにはいられませんでした」(II-267)

子を持ち、育児労働に喜びを見出し、それに生き甲斐を感ずる女性も世に多いのだが、らいてうにとっては、子どもの笑顔に今まで体験したことのない湧き上がって来る喜びを味わう一方で、一人内省して沈思する時間が持てない生活に苦しむこととなり、喜びと悲しみが相半ばした子育て体験であった。二人の子どもが小学生の頃(一九二六〔大正十五〕年)に、四十歳のらいてうは、次のように述懐している。

「私にはどうしてこういつまでもいつまでも家事が身につかないのだろう。決してくだらない仕事だと思っているのじゃないけれど、魂が打ち込めないのだ。なんだか他人の仕事をやむをえずやっているといったような気持だ。そのくせ骨が折れるといったらこのうえなく。それでいてちっとも成績はあがらないのだ。お父さんや子供たちにはまったくすまない気がする」(4-209)

保育園をはじめとした、幼少児童の面倒を見る社会的施設がほとんどない時代、らいてうは、社会的活動で家を空け、原稿執筆で机にかじりつく時間を確保するためには、個人的に人手を雇う以外になかった。「女中」（当時はそう呼ばれていた）が頼みの綱であったが、そうした人手が確保できない時、らいてうの生活はパニックに襲われることがしばしばであった。家事労働の意味を重々理解してはいても、それを自分が負うことに呻吟するらいてうが、ここには見える。同じ一九二六年には次のような文章も見られる。

「ある婦人ばかりの小さな集まりでたまたま子供のことが話題にのぼった時、可愛くてたまらないから、世話をしたり、教育をしたりしているまでで、しなければならないからしているのではない、子供のために自分が犠牲になっているなどとはあんまり思ったことがない」（4-201）

あくまで、子育てのための行動は自分の内から湧いて出る自発的な感情に基づいてなされるものであり、義務意識のために自らを押し殺し、犠牲にしてなされるものではないことを、らいてうは一方で実感していたと言えよう。それでも、仕事に追われ、社会的活動にかかわりたい思いがつのって来る時、余裕は乏しくなり、家事労働が大きな負担となっていたことは事実である。

靴下の繕いに「満足の微笑」を浮かべる

その翌年には、いくらか違った思いが、らいてうの中に生まれて来た。

「いくら繕ってもつくろっても繕いきれない靴下つくろひ。／彼女はけふもこの静かな武蔵野のふけ行く秋の夜を燈火の元で読書するでもなく、又してもいつものものぎたない風呂敷包みを取り出し靴下をひとり繕ふ。／けれど秋の夜ふけの靴下つくろひほど彼女の心をなごめ、やわらげ、打開いてくれるものはない。針をもつ手先を見守りながら、きくともなく夫や子らのすこやかな寝息にいつのまにかきき入る快さ。すがれ行く野萩の根もとに生き残るこほろぎの聲もしみじみと彼女の心の中に入ってくる。軒端のプラタナスの広葉はさらさらと折々秋を流す。〔中略〕針をもつ彼女の手は急ぎもしないが休みもしない。五六足の靴下の穴が大きいのは大きく、小さいのは小さく、かうしてふさがれていく。／丹念に繕われた靴下が夫と子らの枕もとに一足づつ置かれたとき彼女の頰にはつつましげな満足の微笑のかげが浮かんだやうに思われた」（『雲・草・人』一五頁）

一九二七（昭和二）年四十一歳のらいてうは、社会的運動組織から離れて、当時は武蔵野の自然をそのままに残していた成城で、ひっそりとした家族生活にひたっていた。子どもたちも小学生となり、いくらか手を離れて精神的にも余裕が生まれたのであろう。以前に較べて、はるかに家事労働が身近なものに感じられるようになっていた。

「女性にとっては仕事は第二義的」

一九三五（昭和十）年、四十八歳になった時、らいてうは窪川（佐多）稲子の、家庭生活と女の仕事との両立の問題に触れた「怖ろしき矛盾」（『婦人公論』一〇月号掲載）を論評するにあたり、二十年の「主婦」経験を振り返って考える。

烏山の家で（1925年頃）

「わたくしたち〔博史とらいてう〕はよく主婦の必要について話し合いました。／それはたいていわたくしが仕事に心を少し奪われすぎて、家庭全体にわたくしの心がゆきわたらなくなっている時に多く起こりました。／「主婦のいない家《うち》は困るね、家《うち》には僕らのための良《よ》い主婦が欲しいよ。」／奥村がこう言い出すときは、わたくし自身も同様に主婦の必要を特に痛感している時ですから、「ほんとうね、うちには主婦がいないわね」と心から同感します。／奥村とわたくしと子供たちとの生活をいっさい抱擁して、そして家の中をちゃんと統一し、整理していってくれるようなよい主婦がいたら、どんなにわたくしたちは落ちつけて、そして仕事ができ、勉強もできていいだろう。しかしそんな神様のような主婦が地

の底からしぜんと湧いて出てくるものでもありません」(6-75)
「結局、今どこに到着したか。それは若い時のように仕事を第一義的なものと考え自分の仕事を中心にした自分だけの生活空気の小さなあわただしい、渦巻を回転しないこと、いつも(少なくともそう心を向けているという意味で)奥村と子供たちとを自分の心のうちにいれた家庭全体という大きな生活空気を回転させ、その大きな空気の渦巻の中で、その回転を乱さないよう、全体の空気との調節を失わない程度で、仕事という小さな渦巻きを静かに、あせらず、しかも怠らず回転していくこと、これです。けれど、わたくしのように生きてきた者が、とにかくここに落ちつくまでにはここで簡単に説明しきれないそうとうの苦心の結果で、なお今日とても完全にそうなりきっているという意味ではありません」(6-77~78)
「わたくしの今日の到達点は女性として、一歩退却でしょうか、逆転でしょうか、男性への譲歩でしょうか。/わたくしは、そう思いません。これは女性として、自然に、人類に深く根をおろした生活だと思っています。〔中略〕男性にとっては仕事が第一義的であるが、女性にとっては第二義的であるということは容易に変化しないのではないでしょうか。第二義的である女性の仕事が、男性の第一義的であるべき仕事の発展の邪魔をしたり、またはそれが子供を害したりすることは人類の心にそむくものでありましょう」(6-78~79)
十五年前、二歳と四歳の子を抱えながら、それでも、やむにやまれぬ思いに突き動かされて、

「新婦人協会」を結成し、母性主義の立場から社会改造運動に取り組み、議会工作に奔走した結果、体を壊して一年半余りもの転地療養生活を余儀なくされた体験が、らいてうにはあった。こうした「仕事」と「家庭」についての葛藤に満ちた相克の体験を通して到達した思いがここに語られている。「主婦」である自分の内に、どうしても膨らんでくる「社会的仕事への要求」を、何とか自己制御しようとしているらいてうが、ここにはある。「男性にとっては仕事が第一義的」であるが「女性にとっては第二義的」であることは、「人類の心」に添ったものであると納得しようとしているらいてうの姿が見られる。

家事労働の分担について

女性にとって仕事は「第二義的」ということは、家事、育児を含めて家庭内を切り盛りする役割が、女性にとっては「第一義的」であり、それが「自然に、人類に深く根をおろした生活」であると、当時らいてうは考えていた。

「私にはどうしてこういつまでも家事が身につかないのだろう」「ちっとも成績はあがらない」「お父さんや子供たちにはまったくすまない気がする」という記述も、本来は自分がやらなければならない仕事として家事労働を考えているという思いを伝えている。

博史には、「自炊の経験があり」「奥村の方が、おいしいものを作ってくれた」のだったら、少なくも、炊事を博史がより多く負担する生活をその後も継続して良かったはずだと、百年近く経った今、私は考える。家事労働の分担を博史に要求したくなるのだが、そうした考えは二人には全く浮かばなかったようである。

当時も高群逸枝は、家事、炊事を含めた「主婦労働」を連れ合いに全てまかせて、執筆に専念する生活を持っていたが、それは極めて稀な例外であったと言うべきであろう。家事労働は、「主婦」が担うものであるとして、「夫」にそれを分担することを要求する発想が、らいてうには見えない。その点を、二十一世紀の今、我々が指摘することは容易いが、それは「時代」の力を無視した言い方なのであろう。らいてうは時代を超えた多くの提言をしてきている。しかし、らいてうにも、こと「家事労働」に関する考え方においては、時代的な制約に縛られていたことは否定出来ない。

子どもは「女」を完成させてくれる神の賜物

一九三七（昭和十二）年には、二十余年の子育て生活を振り返り、らいてうは書く。

「長い間の数々の母の忍苦も、この大きな人類的な、深い生命の喜びの前には、いつか消えて、悲しさも、苦しさも、辛さも、今は何もかもみんな甘い、なつかしい涙の思い出と変っています。／しかし、今こんなことをいう、このわたくし自身も、その昔、子供を持たなかったころは、〔中略〕自分が子供など産んで、そうした母になろうなどとは考えてみたことがなかったばかりか、自分の個性を自由に伸ばし、自分の仕事に思う存分、生き抜こうと願うわたくしにとっては、これは、同時に何よりもおそろしく、最後まで忌避していた一人であったことを思えば、まず驚くものは、他人ではない、当のわたくし自身です」(6-212)

実際、「家庭をもたなかったら、お子さんがなかったら、あなたはもっともっと仕事が出来たでしょうに……」(III-288~289)と、人が惜しむように言うこともあったが、らいてう本人には、子どもを持ったことに対する後悔は微塵もなく、むしろ「二人の子どもは、わたくしという一人の女を完成させてくれる、神の賜物にほかならない」(III-288)との思いが強かった。

ここにおいては、多くの時間と精力を長年注ぎ込まざるを得なかった家事・育児労働を、厭い、避けようとする気持ちは、はるかに小さくなってきている。むしろ、子どもとのやりとりを含めた家事・育児労働を体験してきた結果、自分の内に見出した「女性」であることの意義や、価値、そして喜びの気持ちを貴重なものとして受けとめ、感謝する思いが大きくなっているとと言えよう。

愛にもとづく仕事は、人間生活の基本的本質的なもの

それから二十年近く経った一九五五(昭和三十)年に、石垣綾子の「主婦という第二職業論」、

福田恆存の「誤まれる女性解放論」、さらに石垣の福田への反論「女性解放を阻むもの」というやりとりが『婦人公論』誌上で展開された。その時にコメントを求められて、らいてうは、次のように述べている。

「日本には、今、奴隷は主婦や娼婦だけではありません。労働者、サラリーマンまで、男女の奴隷がどこにでもいっぱいになっています。わたくしたちの婦人解放の運動は、これらの人たちの解放運動とつながっていることを知っていただきたいのです」(7-308~309)

「恋愛―結婚―家庭―育児というような人間の本能に発した愛にもとづく仕事は、金銭に換算することなどできない、それだけその仕事はそれみずからに価値があり、人間生活の基礎的、本質的なものだと思います。それだからこそ主婦や母は人間としての権利があり、その生活は守られなければならないと思うのです」(7-310)

「近代の家庭生活が、生産面が少なく消費面のみ多くなったことをもって、主婦の仕事を卑下したり、寄生虫化したと見るのはどういうものでしょうか、生産と消費は人間生活の両面で、それに上下、優劣はないはずだと思いますが、生きるために必要だから物を作るので、物を作るのが人生の目的ではないのです」(7-311)

ここでは、いわゆる家事・育児にまつわる家庭内労働を、「人間の本能に発した愛にもとづく仕事」として、その価値の正当な評価を、らいてうは求めている。しかし、先にも書いたように、この原稿を書いた昭和三十年当時、祖母・らいてうは、嫁・綾子と同居しており、家事一切を嫁にまかせ、支えられた生活をしていたのである。「姑」「嫁」という関係において、家事労働が一方にのみ担われる事態を、どう捉えたらよいのであろう。

らいてうと「舅」「姑」との関係

さかのぼって、一九一四（大正三）年、二十八歳の時にらいてうが書いた「独立するについて両親に」の中にある次の記述を見ておきたい。

「恋愛のある男女が一つ家に住むということほど当然のことはなく、ふたりの間にさえ極められてあれば形式的な結婚などはどうでもかまうまいと思います。ましてその結婚が女にとってきわめて不利な権利義務の規定である以上なおさらです。それのみか今日の社会に行なわれる因習道徳は夫の親を自分の親として、不自然な義務や犠牲を当然のこととして強いるなどいろんな不条理な束縛を加えるような不都合なことも沢山あるのですから、私は自ら好んでそんな境地に身をおくようなことはいたしたくありません」（1-292~293）

二十八歳のらいてうは、あっけらかんと率直にこう書いている。この時、らいてうは、「家」制度がもつ、女に対する「不条理な束縛」を何とか取り払いたいという思いが何よりも強かった。この記述を取り上げて、瀬戸内寂聴氏は、かつて講演会で「らいてうは、「ババ抜きでなきゃいやだ」とちゃんと言ってるんですよ」と、笑いながら解説した。

こうした考えも含めて、らいてうと博史は結婚という形式をとらず、あえて「共同生活」を始めたことは周知のことである。勿論二人の「共同生活」は、親とは離れて二人だけの独立した所帯としてスタートしたのであった。

とはいえ、共同生活を始めて六年経った一九二〇（大正九）年六月には、博史の父・市太郎と、母・なみは、長年住んでいた神奈川県藤沢の家を引き払って、博史・らいてうを頼って、二人の住む東京田端の家にやって来たのである。「奥村の母が郷里の家を畳んで、八十を越えた盲目の老父の手をとって突然私たちの家にきまして二ヵ月ばかり寄寓《きぐう》」（3-294）することとなった。当時らいてうは新婦人協会の仕事に忙しく、同居を続けることには無理があり、老夫婦は近くの借家に暮らす生活となった。

こうした博史の父母との生活の接近は勿論、家制度に基づく「姑」と「嫁」の関係における「不自然な義務や犠牲を当然のこととして強いる」ような「不条理な束縛」からなされたものではなかったであろう。そうした「因襲道徳」に縛られてなされたものではなく、個人的な情愛に基づく行為であったと思いたい。

その頃、らいてうは新婦人協会での活動に繁忙を極めており、博史の両親が東京に来た翌年には、過労で体調を崩すこととなり、親子四人は千葉県竹岡海岸、栃木県佐久山その他への長期の転地療養に出ることとなった。協会での活動から離れて田舎暮らしをする中で、ようやくいくらか健康を回復し、一九二三（大正十二）年、らいてう一家は東京千駄ヶ谷へ戻って来たが、それを待っていたかのように、義父・市太郎は亡くなった。その後、残された義母・なみとの同居生活となり、孫・敦史は、父母のいない時に、祖母・なみに「お好み焼きを作ってもらって、食べた」ことなどを覚えている。しかし、それも一ヵ月余で、なみは急死したため、らいてうと姑との同居期間は、極く短なものであった。

「姑・らいてう」と「嫁・綾子」の濃密な関係

らいてうと博史の両親との接点はそう多くはなかった。それに比べて、息子夫婦は結婚後三年目にして、両親である博史・らいてうと成城で暮らすこととなったのである。らいてうと嫁・綾子とは、成城学園前駅近くの家での同居期間が十二年、その後は成城の北西に移ってから祖母が亡くなるまで十三年、別所帯ではあったが、買い物を言いつかったり、食事を届けたり、祖母が夕食を食べに来ることもしばしばで、姑―嫁の相互関係は長期にわたり濃密であった。

私の母・綾子は、結婚前はある企業に勤務していたが、結婚するに伴い、当時のほとんどの日本女性の常として退職し、その後はいわゆる専業主婦として生活し、外に勤めに出たことはなかった。この点に関連して伯母・曙生が書いた記事がある。

「私〔らいてう〕が仕事が忙しくて、あなたたちに淋しい思いをさせたために、敦っちゃん（弟）は絶対に自分の奥さんには仕事を持たせないし、どうやらお母さんの婦人解放運動も我家では裏目にでたようね。」／母はまた苦笑するばかりでした」（『平塚らいてう著作集』月報2、一九八三年八月）

祖母は母・綾子が仕事を持つことを望んでいたのだろうか？　母が結婚後も仕事に出たいとの思いを強く持ち続けていたとは思えないから、父が母に「仕事を持たせなかった」わけでもないように私は思っている。しかし、父は口に出して言うことは決してなかったが、幼少期に、しばしば母の不在で淋しい思いをしたことが、心に大きく残っていたことは確かであろう。それとともに、祖母の気持ちの中にも、小さな子どもを残して外に出かけざるを得なかった時の、痛切な葛藤の思いが重くのしかかっていたのであろう。それが、先に引いた祖母の発言につながっていると思える。

実際、母は私が学校から帰ればいつも家にいる人であり、家事に専念する生活であった。日常の買い物には勿論出るし、時には同じ町内に住む母方の祖母の家に足を運ぶことはあっても、決まって定期的に家を空けるような予定を母は持ってはおらず、ほとんどが自宅での家事労働に忙しくしていたと記憶する。

私をはじめとして、男の子三人がいて、祖父母もおり、祖父母の関連で来客はしばしばだったから、父を含めたこの七人家族の炊事、洗濯、掃除、裁縫、それに来客の接待を一手に引受ける母・綾子の家事労働は、常に大忙しであった。

母が新聞を読む姿は覚えているが、本を開いたり、ペンを持って書き物をしている様子はほとんど思い出せない。「勤めている時に、堀辰雄の小説が面白くて夜更かししてしまい、翌日眠くって大変だった」と、母の娘時代の話を聞いた覚えはあるが、座り込んで小説に読みふける母の姿は、私には全く思い出せない。

「曙生さんは、朝食べた食器を机に出したまんまで、ハガキを毎日何枚も書いてたし、良く本も読んでいた。でも、私は後片付けや洗濯で忙しくて、とてもそんな時間はなかった」と母は言う。曙生伯母は、まず、自分のしたいことに手を伸ばし、とりかかる人であったようである。友人に手紙を書く方が、茶碗を洗ったり、掃除をしたりするよりも、伯母には優先されるべきことだった。

しかし、母は、片付けものや洗濯ものがたまっていると、それをそのままにして、自分のしたいこと、好きなことに没頭することのできる人ではなかった。片付けるべきものは、あるべき場所にきっちりおさめないと、落ちつけない「損」な性分を備えている人である。

祖母と母の「棲み分け」

祖母の歿後、小林登美枝さんが、こんな風に話していた。

「自伝の執筆のお手伝いで成城にうかがっていた時に、夕方遅くまでかかった時があったんですよ。そうしたら、先生（らいてう）が「あなた、食事一緒に食べてきなさい。綾子にあなたの分も頼むから」んなに、綾子は手早いのよ、すぐしてくれるから」ってっておっしゃるんですけど、そんな、急にお客さんの夕食を一人分増やすなんて、作る主婦の身になってみればとんでもなく大変なことなのは私だって分かりますから、お断りしましたけど……綾子さんは、お嫁さんとして大変だったと思いますよ！」そんな、話であった。

前にも引いたように、「家庭的な人で」「家事のすべてに長じていましたから、家のことといっさいを任せてなんの懸念もありません」「いつも愉快そうな表情できげんよく働いている綾子」と思っていた祖母は、「家事」については、「綾子は手早」く、困った時に頼めば、テキパキと処理してくれるに違いない、という大きな期待をもち、信頼し、それに大いに依存していたのである。

私が気付いた時には、祖母と母は、「女」二人が家の中にいながら、全く違った生活パターンをとり、時間的にも空間的にも「棲み分け」ていた。それぞれが担う役割や実労働は全く別だった。思い返してみると、炊事にしろ、洗濯にしろ、二人が相談しながら一緒に「協働」して取り組むという場面は、全く思い浮かばない。

勿論、そうした棲み分け状態になったのは、「家制度」に縛られてのものであろうはずはない。祖父母の気持ちには、旧来の「不条理な束縛」を嫁・綾子に求める気持ちは毛頭なかったと思いたい。近親者相互の情愛に基づく、手助けと、協力と、思いやりの気持ちの結果、いわゆる「家事労働」を嫁・綾子が負うこととなり、母は三世代家族全体の生活に配慮する「主婦」の立場を担うこととなったのであろう。

「嫁の綾子のおかげで、家事仕しごとからまぬかれたことは、ありがたいことでした」「綾子への負担が多くなったのでしたが、綾子はいつも明るい笑い声をたてながら、疲れをしらないもののように働いていました」（IV-141）と祖母は書いている。母も祖母の仕事を支える良き嫁として、誇りを持って、張りきって働いていたに違いない。

「神様のような主婦」

既に見たように、一九三五（昭和十）年に、祖母は次のように書いていた。

「家の中をちゃんと統一し、整理していってくれるようなよい主婦がいたら、どんなにわたくしたちは落ちつけて、そして仕事ができ、勉強もできていいだろう。しかしそんな神様のような主婦が地の底からしぜんと湧いて出てくるものでもありません」（6-75）

それを書いた時、「神様のような主婦」の存在は、祖母にとっては、あくまでかなわぬ〝夢〟であった。そうした〝夢〟のような存在に長いこと憧れてきたが、それは決して手に入れることは出来ないものであった。しかし、どうやら、一九四七(昭和二十二)年に嫁・綾子と同居する生活となり、いつしか祖母は、その「神様のような主婦」の姿を、母に重ね、期待するようになっていたのではないだろうか。

私の空想はいつの間にか広がっていく。

祖母が、そうした期待を言葉に出して、母に要求したわけではなさそうだ――

しかし、祖母が心の中に秘めていた〝夢〟は、いつとはなしににじみ出ただろう――

人の意を汲むことに心を砕き、配慮する母は、そうした祖母の潜在的な思いを察し、〝夢〟をいつしか感じ取ることとなった――

母の側に、良き嫁たらんとする、けなげな思いもあったに違いない――

母が、社会的に活動する祖母を支え、助けるという役割を担うことを、大いにやりがいのあることと感じてもおかしくない――

しかし一方で、そんな「神様のような」〝夢〟を期待されることは、余りに重すぎることであり、とてつもないプレッシャーとなったであろう――

時には、逃げたい思いも母の心に湧いてきたであろう――

戸惑いは大きく、葛藤も激しかったに違いない――

こんな揺れ動く思いの中で、いつしか、「神様のような主婦」の役割を取る立場に、母・綾子は立たざるを得なくなったのではないだろうか――

しかし、「神様のよう」ではいられない。それは〝人〟である綾子には過重にすぎる。結果的に、過剰なものを背負わされ疲れ果てることにもなった――

以上は、あくまで私・直史の勝手な空想である。

しかし、時にげっそり疲れた母の表情が、子供心の私にも見えたのは事実である。

「主婦」役割の重さ、苦しさ

嫁・綾子が家事一切を引受けてくれるようになり、祖母の「身辺はとみにのんびり」した生活となった。母は、祖母の信奉する「食養」にのっとった玄米菜食の惣菜をこまめに作る「調理師」であり、掃除洗濯を一手に引受ける「主婦」であり、しばしば訪れる来客の調整、並びに接待を受け持つ有能な「秘書」であり、祖母の持病からしばしば生ずる、烈しい嘔吐を伴う自家中毒症状を優しく介抱する「看護婦」であり、時には祖母の原稿のゲラ刷りを見直す「校正係」でもあった。こうした雑多な役割を母が担うことで、祖母の望む「孤独と静閑」は与えられ、祖母は「注意集注」することが可能となった。

　右に書いたような生活が保障される中で、長年夢見ていた祖母の理想的な生活は確保され、「勉強」も「仕事」も進むこととなり、祖母は社会的に発言し、行動する機会を増やしていった。敦史・綾子と同居した翌年、一九四八（昭和二十三）年以降は年に十数編の原稿をまとめ、戦前の執筆ペースを取り戻している。動きは活発化し、「日本婦人団体連合会」「国際民主婦人連盟」「世界平和アピール七人委員会」等の団体で役職を担うこととなったのである。

　こうして、活発に動く祖母を支えてきた母であるが、祖母との生活を振り返って、次のような思い出を話している。

「おばあちゃんは、朝ゆっくりまで寝てられるから良いのよ。でも私は、お父さんが学校で一時間目の授業のある日は六時には起きなくちゃならないでしょう。なのに、おばあちゃんのお客さんが夜中の十時、十一時までいて、私はお客さんが帰るまで、寝るわけにいかなくて、辛かった！」

「この家の人は、話をしないから困るのよ。おばあちゃんが出かける準備をして、玄関で、突然に「ちょっと、しばらく、出かけてきますから、おじいちゃん、よろしくね」と言うけど、事前には相談もないし、何処へ、いつまで行ってるのかも話さないで出かけちゃうんだから。おじいちゃんだけ置いてかれても、私はどうしたら良いか、困ってしまった！」

「近くのお寿司屋さんで、昔の『青鞜』の人たちの集まりがあった時、おばあちゃんは出かける段になって、「お菓子屋さんに連絡したけど、今日はどこも休みなんですって。貴女、何か、見つけて頂戴」って急に言われた時も、困った。あわてて卵と牛乳を買ってきてプリンを作って届けたけど……。もっと早くに言っておいてくれれば、あんなに慌てなくてすんだのに、土壇場までなんにも話してくれないのよ！」

母はめったに弱音を吐く人ではなかった。こんな辛かった時の思いも、ずっと封印されたままであったが、祖母が亡くなって二十年以上経って、ようやく母は口にするようになったのである。

小林さんに「なに、綾子は手早いのよ」と言った祖母であった。どうやら、祖母にとっては、母は、「いつでも頼れる人、頼めば何でもやってくれる、逞しい人」との思いがあったのだろう。しかし、そうした余りに大きな期待を負わされて呻吟する母の一面に、祖母は気がついてはいなかった。

私の目から見ると、頼られ、あてにされる側の母の身になってみれば、なんとも〝荷やっかい〟な祖母であったと思えるのである。

祖母のしたかったこと

先にも見たとおり「恋愛―結婚―家庭―育児というような人間の本能に発した愛にもとづく仕事は」「人間生活の基本的、本質的なもの」と祖母は主張する。祖母は家事、育児労働を体験して、それが生易しいものではないことを実感し、女が担うその役割が社会的には正当に評価されていないことに憤り、家事、育児労働の意義の再評価を主張せざるを得なかった。

しかし、祖母は、家事労働、主婦労働が好きだったのだろうか？ それが最もしたかったことだろうか？ それは、第一に手がけたいことであったのだろうか？

祖母の文章には、家事・育児の楽しさを綴るものがなくはないが、それ以上に、その大変さと、そのとりとめない忙しさに神経をかき乱され、混乱し、仕事との葛藤に苦しみ、辛い思いをした叙述の方がはるかに多い。

人によっては、料理を工夫することを楽しみとする人もいる。自分の作った料理を人にご馳走し、「おいしい！」と言ってもらうことを無上の喜びとする人もいる。家をきれいに飾り付け、インテリアデザインを趣味にする人もいるであろう。毛糸を編み、服をデザインして仕立てることが楽しくて、一日中やっても飽きない人、それを生き甲斐にする人もいるに違いない。しかし、祖母にとっては、そうした衣食住にまつわることをすることは、生活するにあたって必要なことであり、必要に迫られる中でやってきたことではあっても、それをすること自体に、特別な関心や、興味を抱いたことはそんなにないようである。

娘時代から、祖母は、何を食べさせられても文句を言わず、新しい着物を作ってもらっても喜びもしない娘であった。祖母にとっては、家事労働、育児労働の大切さや、その意味の大きさを重々感じてはいるものの、衣食住にまつわる労働は必要なことではあっても、そこに取り組むだけでは満足できなかったのである。

「元始、女性は実に太陽であった。真正の人であった」「私は精神集注の只中に天才を求めようと思う。／天才とは神秘そのものである。真正の人である」と、かつてらいてうは叫んだ。祖母にとっては、具体的地上における日常の問題に取り組む以上に、今は埋もれている「天才」を信じ、現状を脱皮して「真正の人」となる可能性を見据え、追求しようとする野望の方が大きかったのである。祖母は、この理想に直接取り組む仕事を、第一に優先させたかったと言えよう。

祖母は、都会育ちであった。そのためかえって自然の山野への憧れは強く、自然に接することで精神的肉体的な生気を吸収することを欲したのである。一九二六（大正十五）年、未だ武蔵野の風情を残した烏山で書いた「土に座して」ではこう語っている。

「〔前略〕わたしは／もっともっと心ゆくばかり／あの向うのひろびろとした／麦畑で／毎日、

毎日雲雀《ひばり》の声をきいていたいのだのに／ひと雨ごとにもくもくと柔らかにもり上ってきた黒々とした畑土を／すっきりとした蒼空を／そこに浮ぶ白い雲を／野面をすべりゆく大きな雲の影を／遠方に霞む雑木林を／その枯枝の網を／こんもりとした老杉の森を／夕日にかがやく連山を／日没の地平を／その最後の光を／もっともっと飽きるまで見守っていたいのだのに／あけっぱなしの縁先で／日向ぼっこをしながら／竹林をたえずしなやかに／ゆりうごかしつつ流れ込む／春の風を／わたしの髪毛に／わたしの頬に／もっともっといつまでも／しずかに、しずかに／感じていたいのだのに／人よ／もう二度とたずねて下さいますな／「ずいぶんお暇過ぎるでしょう、毎日何をしていらっしゃいますか」と」（4-233~235）

読むこと、書くこと、瞑想し祈ることに加えて、自然に触れることが、祖母の一番したかったことだったに違いない。

第五章　孫・直史との近くて遠い関係

「ものを産み出すことは大変なこと、しっかりおやりなさい」

4歳の筆者と1歳の弟と共に（1949年頃）

敗戦後のらいてうの動き

既に触れたように、一九四五（昭和二十）年八月の敗戦後も祖父母は疎開していた茨城県戸田井に止まっていた。以前運動を共にした仲間は、敗戦後すぐに社会民主化運動に動いた。十一月に市川房枝は「新日本婦人同盟結成」に際して参加を促す便りを戸田井に送ってきたが、らいてうはメッセージを送るだけで、動こうとはしなかった。

一九四六年新憲法が公布され、そこで基本的な女性の地位の解放が謳われ、加えて非武装・非交戦の精神が宣言されたのを見て大いに共感し力づけられ、らいてうは新たな動きを模索し始める。四七年には成城に戻り、息子夫婦と孫・直史を含めた三世代同居の生活となり、家事労働から解放され、机に向かう時間が増えた。ノートをとりながら平和問題に関する書物を読み漁っている。四八年に「世界連邦主義」を知り、その考えに大いに共鳴する。それとともに、俳句を楽しむ時間も増えている。

みどり児の眠る真昼や合歓の花

俳誌『風花』三号、一九四七（昭和二十二）年に掲載された、祖母の句である。成城へ戻って、戦前からの成城での知友・中江百合宅で、中村汀女の指導の下に開かれる句会「秋草会」に祖母は参加する。この句は、二歳の私の昼寝姿をスケッチしたものらしい。恥ずかしいような、くすぐったいような思いであるが、祖母の温かな視線がうれしくなる。ちなみに、その他にも『風花』には以下のような句が見える。

今日もまた山の夢見る草の花（一九四七年）
道折れて片頬ぬくき枯木道（一九四八年）
菜畑に大根の花きれぎれに（一九五〇年）
雲低き山路を栗の花明かり（一九五〇年）

『風花』に祖母の作が見えるのは一九五〇年までである。それ以後も句作にはずっと関心を持っていたが、忙しくなり「秋草会」には出られなくなった。それまでは、畑や林の中を歩く機会も持ち、句作に想いをめぐらす心の余裕もあったが、以後、社会的活動に追われることが多くなり、自室の机を離れることが難しくなったのであろう。

こらもきてあそび暮らしつまつのうち

『風花』には載っていないが、墨で大きく祖母が書いたこの句が残されているのを最近見つけた。いつ頃の作かはわからない。しかし、この句からなんとなく想い浮かぶのは駅前の家の茶の間である。祖父が火鉢で餅を焼き、母がお重を運んでくる。祖母は南の窓に向かって腰をすっきりとさせた正座姿で席に着く。私が小学校へ入る前後の様子が浮かぶ。

「あそび暮らしつ」と書いてはいても、祖母は我々と一緒に、カルタや双六をしたわけではない。子ども相手に一緒にじゃれたり、冗談を言って楽しむ剽軽さは祖母にはなかった。むしろ、子どもの甲高い声や、ちょこまかした動きに合わせることは苦手で、食事が終われば、すぐに自室に戻るのがならわしだったが、松の内のこの時は、食後も茶の間で子どもたちと一緒に過ごした時間が長かったということではないだろうか。

笑われたこと

祖母は日常、感情表現は控え目で、地味だったが、いくらか大きな声で「お兄ちゃん、おかしいねー！」と笑いながら私の頬を突っついたことがあった。

私がちょうど六歳の時である。三番目の弟が生まれる時、私と、三歳下の弟は二人で一つ布団に入っていた。母が産院へ行って留守であり、夜になって弟は声を上げて泣いていた。しばらく泣き声は続いていた。そこへ祖母が足を運んで来て、弟をなだめる。なだめても、三つの弟は、泣き止まない。私は背中を向けて布団をかぶって身を固くしていた。

やがて、祖母は布団を持ち上げて私の顔を覗き込む。その時、「まあ、おかしいねー、お兄ちゃんまで泣いてるの！」と祖母は笑いながら言ったのである。泣いているつもりはなかったが、どうやら、眼には涙が溜まっていたらしい。さっと、顔を伏せる私であった。気まずい思いでいっぱいだった。

祖母は、私を力づけるつもりで言った言葉だったであろう。しかし、その言葉に伴った祖母の笑いが、私には重かった。

それからどうなったのかは覚えていない。それに続く記憶は、翌日、近くの産院を訪ねて、ベッドに横たわる母の顔を見て、ホッとした時の思いである。

食べさせてもらったこと

祖父母との生活において、家事、炊事は、すべて母が担っていたことはすでに書いた。母が〝作る人〟であり、祖母はもっぱら〝食べる人〟であった。したがって、「おばあちゃんに、作ってもらい、食べさせてもらった」思い出は私にはないと思っていたが、この原稿を書いている過程でつい最近、一つだけ思い出したことがある。

祖母から「おそばを食べるのよ、あなたも食べる?」と聞かれたのである。小学校へ上がるか、上がらないかの頃であった。戦後の食糧難がなお続いていた頃であり、「欠食児童」という言葉が生きていた昭和二十五—六年のことである。私は、一も二もなく「食べる!」と答えた。ツルツル食べるおそばは、当時、私にとってご馳走だった。

それから祖母が始めたことは、どんぶりに粉を入れ、火鉢にかかっていた鉄瓶を取り上げて、それに熱湯を注ぐことだった。続いて、どんぶりの中身を、箸を鷲づかみにして力を入れてぐいぐいとかき混ぜた。

出来たのは「蕎麦掻き」であった。初めて見た食べ物だった。練り上がった蕎麦掻きにだし汁を注いで、箸でちぎりながら食べるのである。差し出された物は、私の期待していた物とは、とんでもなく違っていた。口に入れてはみたが、全くおいしくない。だまされたような、裏切られたような思いだけが残っている。果たして、全部食べたのだろうか?

「ただ戦争だけが敵なのです」

五歳前後の私には、祖母は奥の部屋にこもり、いつも机に向かっている人でしかなかったが、祖母の眼は社会に注がれていた。一九四九（昭和二十四）年、労働省婦人少年局の呼びかけで開かれた「第二回婦人の日大会」において、婦人の政治的地位向上のために働いた功労者として、らいてうは表彰されたが、その機会に以下のように訴えかけた。これが、らいてうが戦後、社会的・能動的に動き出した第一歩と言えよう。

「日本婦人の力を、世界平和の探求に」

〔前略〕どうしたら戦争をなくすことができるでしょうか。日本は戦争放棄を第一に世界に宣言し、軍備を完全撤廃しました。〔中略〕／人類が久しく求めてきた、そして今日最もつよく求めているのは、世界の恒久平和であります。〔中略〕人類の知恵がようやくにして達した世界連邦主義は、その運動は、世界の夜明け、人類意識の目ざめを告げるものであり、ようやく世界平和への道に、はっきりとした一筋の光明のさし込んできたことを感じさせます。〔中略〕民主主義的な世界機構の創造にまで飛躍しえないならば、新しい日本が戦争放棄をしたことも、無意義に終わってしまうでしょう。／「婦人の日」を迎え、全婦人団体の合同による世界平和探求のための研究、討議の機関を設けることを、わたくしはここに提議したいと思います。（7-66~67）

続いて翌年一九五〇年に、らいてうは自ら発議し筆をとって以下の文書をまとめ、当時来日中であったアメリカのダレス特使に提出する。

その日のことを母・綾子は「引きこもりがちでほとんど外出せず、夜型で、いつも遅くにしか起きない人なのに、この時には珍しく八時前には白足袋を履いて出て来てびっくりした。「どうしたんですか！」と聞くと「上代さんの所へ行ってきます」と出かけた」と話している。日本女子大学学長の上代さんは、同じ成城町に住んでいた。一九五〇年六月二十五日、朝鮮戦争が勃発した翌日に提出した文書が以下である。

「非武装国日本女性の講和問題についての希望要項」

一、われわれは日本国憲法に定められた非武装、非交戦をあくまで守り抜く決意である。

一、世界平和の実現を使命とするわれわれは絶対中立を堅持し、二つの世界の共存、統合にあらゆる平和的手段をもって努力する。

一、われわれは全面講和によって、連合国のすべてから、同時に日本の中立が確認され、不可侵が保証されることを、日本のため同時に世界平和のためまず何よりも希望する。

一、中国とは歴史的、地理的、経済的のいずれの面から考えても今後友好関係を特に保ってゆきたい。そのためだけでも単独講和を躊躇する。

一、非武装国日本不可侵の国際的協約によって、いずれの国の軍事基地をも、日本に置く理由と必要を失うことをわれわれは期待し、念願する。
一、いずれの国の戦争にも協力しない。夫や息子を戦場に送り出すことを拒否する。
一、平和条約成立後は国際社会の一員として、自国の安全保障のためばかりでなく、すべての国の安全と自由と独立のため、国際平和運動にあらゆる面で率先協力しその任務を果たしたい。
一、もしわれわれの希望する講和条約は、いかなる努力をもってしても、今日の国際情勢下において不可能な場合、われわれは早期講和を欲しない。

昭和二十五年六月二十六日

ガントレット・恒子　平塚らいてう　上代たの　野上彌生子　植村環（7-101~102）

同年の新聞に掲載された記事には、東西冷戦という世界情勢を踏まえつつ語る「非武装の平和」と題した、以下のようならいてうの文章も見られる。

「わたくしたちの敵は戦争です。ただ戦争だけが敵なのです。〔中略〕どこまでも中立の立場を守りましょう。〔中略〕むろん二つの世界にはさまれながらどちらにもつかないことの生やさしいわざでないことを、十分意識したうえです」（7-104）

一九五〇年に「ダレスへの書簡」を提出したことは、社会的に大きな反響を呼び、諸団体の活動を生み出すことにもつながる。その後五年間の、らいてうの主な社会的活動は以下のようである。

一九五一（昭和二十六）年　再軍備反対婦人委員会結成（委員長・平塚らいてう、副委員長・上代たの、市川房枝）

一九五三（昭和二十八）年　日本婦人団体連合会結成（会長・平塚らいてう）

国際民主婦人連盟の副会長就任要請を受諾する。

一九五四（昭和二十九）年　原水爆の製造・実験・使用禁止の「全世界の婦人にあてた日本婦人の訴え」を国際民主婦人連盟に送り、世界母親大会開催の原動力となる。

一九五五（昭和三十）年　下中弥三郎の提唱による「世界平和アピール七人委員会」結成に参加。

「世界平和アピール七人委員会」の発足時メンバーは、下中弥三郎（平凡社社長）、植村環（日本YWCA会長）、茅誠司（東京大学総長、日本学術会議会長）、上代たの（日本女子大学学長、日本婦人平和協会会長)、平塚らいてう(日本婦人団体連合会会長)、前田多門(ユネスコ日本委員会理事長、元文部大臣)、湯川秀樹(ノーベル賞受賞者、京都大学教授、京都大学基礎物理学研究所長)(肩書はいずれも当時のもの)であった。以後、社会状況に即応して、いくつもの共同アピールを表明している。

世界平和アピール七人委員会は、発足にあたって、「人道主義と平和主義に立つ不偏不党の立場から、国際間の紛争は絶対に武力による解決をとるべきでないことを内外にアピールしてゆく」と申し合わせている。こうした基本的立場を根底のところで支えてきたのは、世界連邦思想、日本国憲法の精神、核兵器廃絶への願い、の三つであった。

第一回アピール(一九五五年)では「日本の平和憲法を擁護する。〔中略〕戦争を絶滅し真の恒久平和を実現するには今日の国家単位の国連を、世界連邦にまで発展せしめるほかない」と主張している。五九年のアピールでは「いまこそ国連は核兵器による世界平和への脅威を除去」することを要請している。

戦後の東西冷戦下、らいてうは核戦争の危険をひしひしと感じながら世界情勢に頭を巡らしていた。その緊張感は幼い私にも伝わっており、祖母の部屋を気軽に訪れることはできなかった。それでも、おずおず行かざるを得ないこともあったのである。

謝ったこと

庭には、大きなザクロの木があった。よそで見かけるザクロの木は、そう大きなものは見られなかったが、この木はとりわけ大きかった。七、八歳くらいの私が登るには格好の木であった。地上一メートル位の所から幹は大きく二つに分かれ、右手に登ると、そこからさらに一本右に水平な枝が伸び、それに両手でぶら下がると、ちょうど鉄棒につかまったような状態になった。ぶら下がった後は、下まで勢いをつけて飛び降りる。そんなことを繰り返していた。

ところが、ある時、いつものようにぶら下がった途端、私は宙に放り出され、地面に尻餅をついてひっくり返っていた。両手には、ザクロの大きな枝が握られている。枝がぽっきり折れたのである。見上げると、枝の根元の幹に縦に裂けた傷が残っている。

右から祖父母、一人おいて母、３人の孫と、ザクロの木の前で（1955年頃）

この枝をどうしたものか、一瞬、戸惑った。母の所に行って「折れちゃったよ！」と報告した。母は困った顔をして「おばあちゃんの所に行って、謝ってきなさい」という。

おおいに気まずかったが、仕方がない。枝を持ったまま、祖母の部屋に行き「ご免なさい、折れちゃいました」と言うと、祖母は黙って私と枝を見比べて、うなずくだけであった。それ以上は、何も言わない。最低限必要なことしか口にしない、いつもの祖母だった。

初夏には鮮やかな明るいかば色の花をたくさんつけ、そのうちのいくつかは、秋には野球のボール位の大きさの実に育つ見事なザクロの木だった。十分熟れると、実が弾けるように裂けて、中から鮮やかな赤みをおびた透明の小さな粒々がのぞいてくる。みずみずしく見えるが、口に入れると顔がゆがむほど酸っぱかった。

汽車に乗って出かけたこと

祖母と一緒に出かけた記憶は、乏しい。母方の祖母とは買い物にも行ったし、散歩もしたし、新宿まで出かけた思い出もある。しかし、小学校年代に、祖母・らいてうと出かけた記憶は、一つしか想い浮かばない。

曾祖母・平塚光澤の具合が悪くなり、茨城県戸田井を訪ねた時のことである。私は九歳であった。上野駅だったと思う。蒸気機関車の時代であった。客車に乗り込むと、変な目付きの小父さんが数人、大声で話している。びっくりして、怖くなって、私は飛び降りた。しかし、祖母はあわてることなく、平気で「これは取手に行きますか?」と尋ねている。これにもびっくりした。祖母は「なに、酔っぱらいじゃないの、怖がらなくても大丈夫よ」と言ったのである。汽車に乗り、バスに乗って、大きなつるべ井戸がある辻でバスを降り、川沿いの土手をしばらく歩いて曾祖母、大伯母がいる藁葺き屋根の家にたどり着いた。九十歳を超えた「ひいおばあちゃん」の見舞いである。しわしわで、話が余り通じなくなり、布団に横になっている曾祖母に会い、挨拶し、最後に「握手してもらいなさい」と言われて、こわごわ手を伸ばした。曾祖母とのお別れのための旅だった。この時が、小学生の私が、祖母と出かけた唯一の思い出である。大伯母・孝は「明さん(祖母)が来てくれたから、今晩私はゆっくり寝られるわ」と話していた。看病の日々が続いていたのである。

その訪問の後、数日して、曾祖母は亡くなった。今度は父と二人、葬儀に出席するために戸田井を訪れた。曾祖母の棺はリヤカーに積まれて、村はずれの焼き場へ運ばれた。棺はレンガを積み上げた窯に納められ、我々は裏の焚き口にまわって一人一人薪をくべて、お別れをして帰った。焼き場の小父さんは、「まる一晩燃す」と言っていた。

びっくりしたこと

祖母は外に出なかった。散歩にも出ない。庭に出ることもなかった。庭で遊ぶ私たちの所に下りてきたことは、私の記憶にはない。庭はそう広くはなかったが、小学生の私がキャッチボールするくらいのスペースはあった。友だちや弟とメンコをしたり、相撲をとったりする庭であった。

庭で何をしていた時かは覚えていないが、私が遊んでいた時に、廊下の突き当たりの扉が突然開いて、祖母が大あわてで、裸足のまま庭に飛び出してきた。意表を突かれて、遊びをやめて、きょとんとして、祖母を見つめていた。すると、私たちの視線に気がついて、祖母はきまり悪そうな表情で、無言のまま部屋に戻ったのである。

何事が起こったのか、一瞬わからなかった。〝地震があって、恐れをなして祖母は飛び出したのだ〟と了解するまで、しばし私は固まっていた。建物の中にいなかったから、余計に揺れは感じにくかったのかもしれないが、私には、そう大きな地震とは思えなかった。それにしても、いつも慌てることなく、落ち着いて、ゆったり、ゆるやかに動く祖母が、あわてふためいて、履き物もはかずに土の上に飛び降りる様には仰天した。

後に、関東大震災の時に書いた祖母の文章を読むと、大いに怖い思いをした様子がわかるので、その恐怖の体験が三十年以上経っても祖母の中に鮮明に残っていたのだと了解したが、小学生の私には、ただただ、びっくりした出来事であった。

怒られたこと

子ども部屋でひっくり返って、何をしていた時だったろうか？　祖母がいきなり扉を開け、入ってきたことがある。びっくりして、一瞬〝まずい！〟と感じた。

「こんな物、応接間に置いといちゃ駄目じゃないの。私が嫌いな物なんだから。捨てちゃおうか！」と放り出すように置いていったのは、私の作ったゴム鉄砲だった。

板を切り、組み合わせ、釘を打ってこしらえた物である。輪ゴムをかけて、木の棒の引き金を引けば、輪ゴムが四、五メートル飛ばせる。積み木やマッチ箱を的にして、腕をみがいた。時には父と一緒に、標的を狙って競ったこともあった。たわいもない、小学生の遊ぶオモチャである。

しかし、祖母には「武器」の一つに見えたということだろう。孫が、武器に興味を持つことが、納得いかなかったということらしい。祖母から「鉄砲はいけない」という言い方をされた覚えはないのだが、いつの間にか、我家では鉄砲、刀の類いは避ける空気がただよっていた。

男の子だもの、小学校に入る頃になれば鉄砲や刀のオモチャで遊びたくなる。昭和二十年代にはプラスチックのオモチャはなかった、ブリキ製だった。友だちの家に行けば、ブリキで出来た、コルクの球が飛ばせるピストルか鉄砲が必ずあった。ピストルに対する憧れが私には確かにあった。

しかし、我家にはなかった。買ってもらえなかったのである。仕方がない、自分で鉄砲を木で作り、刀を削り出すしかなかった。三、四年生の頃であろう。

祖母は、やかましくあれこれ指図したり、自分の好悪を言う人ではなかった。むしろ子育てにおいても、自分の意見や、評価を押しつけることをなるたけ避けてきた人である。伯母・曙生が小さい時に、思い惑って、母親・明に問いかけても「あなた自身で考えて、こうと決めたらやってごらん」（『いしゅたる』No．12、一九九一年秋）と言うだけであったという。そうした祖母の対応に、伯母はいつも物足りなさを感じていたようである。

昭和二十年代当時、祖母は、武器や軍備について相当過敏になっていたということであろう。たった一度ではあるが、家で祖母が、「武器」に対する嫌悪の情をあふれさせたエピソードとして、私は思い出すのである。

反戦、反核、平和運動

当時らいてうが取り組んだ、反戦、反核、平和運動の主なものは以下のようである。

一九五六（昭和三十一）年　ビキニ水爆実験被災二周年記念「原水爆実験禁止の集い」へメッセージを送る。

一九五七（昭和三十二）年　らいてうの提案により、国際民主婦人連盟は「世界婦人科学者会議」開催を決定する。

一九五八（昭和三十三）年　国際民主婦人連盟第四回大会の「世界婦人科学者会議」に放射能汚染の実態報告のため猿橋勝子理学博士を送ることに尽力する。

一九五九（昭和三十四）年　国連総会に宛て「全面完全軍縮の要望書」を上代たの（日本女子大学学長）、植村環（ＹＷＣＡ）、久布白落実（キリスト教婦人矯風会）、野上彌生子（作家）と共に送る。

一九六〇（昭和三十五）年　「安保批准阻止全国婦人大会と行進」へ激励電報を発送する。

一九六二（昭和三十七）年　「軍縮のための日本婦人集会」に出席、激励の挨拶をする。

一九六六（昭和四十一）年　「ベトナム話し合いの会」を起こし「ベトナム侵略戦争をやめさせるための全日本婦人への訴え」を発表する。

一九六二（昭和三十七）年の「軍縮のための日本婦人集会」に、らいてうは出席した。大衆的な集会への出席は五三年の「第二回日本婦人大会」以来九年ぶりである。すでに七十六歳となっていた。「毎日、朝起きることがいちだんと辛くなってしまい、寝ざめの床のなかで、は

75歳のらいてう（1961年）

たして、今日は起きられるかしらとおもうような日々がつづいていたのですが、なんとしても、この会ばかりは出てゆかねば……という必死の気持で出かけたのでした」（IV-324）と自伝にある。そこで、「軍縮のための世界婦人集会」に出席する代表委員を歓送するにあたって、以下のようにらいてうは呼びかける。

今日の世界危機はわたくしから言えば、何千年にわたる男性中心の文化——力の支配による男性文化のつくりだしたもので、核戦争による全人類の死滅が、その終着駅だと思います。／今わたくしたちはこの男性中心の文化——生命の原理に反した文化、殺人文化の終着点の寸前に立たされているのだと思います。／こう考えるとき、世界の婦人が団結し、一体となって、軍備廃絶のため、戦争をなくすため、平和の世界をうちたてるため働くことは、人類史上の大きな転機であると思います。／軍縮は、男の力だけではなかなか実現しません。どうぞ代表の方々が、世界婦人集会の大きな意義を深くお考えくださって、生命の守り手である婦人の力でなければ達せられないことを、成しとげてくださるよう、十分なお働きを心から切望いたします。（IV-326）

らいてうが緊張感をもって世界情勢に目を配り、意見をまとめ、必死の思いで集会に足を運んだ様子が伝わってくる。しかし、言葉少ない祖母は、家の中でそうした活動の内容を話すことはなかった。中学、高校の頃の私が思い出すのは、社会的な活動とは全く関係のない祖母ばかりである。

相撲に熱中する祖母

初めてテレビを購入した昭和三十年前半の頃である。相撲に熱中する祖母があり、びっくりした。テレビを見て「それ、それ、それ！」と力を込めて応援しているのである。応援していたのは「岩風」という力士である。からだは小さめで、決してハンサムと言える顔つきではない。むしろ不細工であり、いかにも田舎くさい風体だった。それでも、左前褌《まえみつ》をつかむと相手の胸ぐらに頭をつけて右腕で相手の左差し手をぐいぐいオッツケる。スピードはないが、いつも頭を下げ、下からむくむく相手に迫り、食らいつくという、全くこのワンパターンで、生真面目に相撲を取る男であった。「潜航艇岩風」と呼ばれていた。全く派手さはないが、その馬鹿正直な敢闘精神が祖母には好ましかったのであろうか？　栃錦と、初代の若乃花が横綱を張り、「栃若時代」と呼ばれ、世間の脚光を浴びる頃であった。いつもは感情表現の乏しい祖母が、力を込めて応援し、「あー、負けちゃった！」と悔しがった。その目元には、珍しく爽やかな風情が見えたのである。

プレゼントされたこと

らいてうの自伝には、祖母の〝おばあちゃん〟にあたる平塚八重におぶわれて、祖母があちこち出かけた思い出が書いてある。銀座の松崎でおせんべいを買い、出先の原で座り込んで食べさせてもらったり、九段坂上の絵草紙屋で錦絵を買ってもらったことも祖母には鮮明に記憶されている。

しかし、私は小さい頃、祖母に抱かれたことも、何かを買ってもらったことも覚えていない。お正月にお年玉をもらうという風習は我が家にはなかったし、お小遣いをもらうことも皆無であった。クリスマスには、祖父からプレゼントをもらったが、それは、祖母も含めて二人からという意味だったのだろうか？　祖母から直接もらうことはなかった。

そんな、そっけない祖母だったが、私の大学入学が決まった高校三年の三月だった。突然「これを読んでごらんなさい」と手渡されたのは、ゲーテの『ヴィルヘルム・マイスターの修業時代』である。岩波文庫の三冊だったか？　成城の駅前の吉田書店のカバーがかかっていた。私のために注文してくれたのである。思いもかけなかったことで、驚くとともに恐縮して、ありがたく頂戴した。

しかし、読んでみると、ちっとも興味が持てず、以後今日まで、何度か「今度こそ最後まで」と思い挑戦してみたが、未だに読み終えることができずにいる。祖母の青春時代の心には、大いに触れることの多かった書物であったのであろうが、私には一向にピンと来ないのは、時代のせいなのか？　個人的資質のためなのだろうか？

同じ年、一九六三（昭和三十八）年四月に私は大学へ入学した。その年、祖母は七十七歳にあたる。母は律儀で気づかいの人だから、祖母の喜寿の祝いを家族でしなかったはずはないのだが、私には一向に思い出せない。大学入学を控えて、自分のことで精一杯だったこともあろうが、なんともかわい気のない孫であると言わねばなるまい。喜寿を迎える思いを祖母は以下のように綴っている。

「ことしの二月十日で満七十七歳となるわたくしは、七十ともなったら毎月の句会にも出席しよう、少しはいい句も作りましょう、野の花、野の鳥とも親しみましょうなどといっていたものを、いつのまにか喜寿を迎え、なお毎日、平和平和と、老いとやまいの身をむちうたずにはいられないとは、つくづくきびしい時代だと思います」（7-418）

らいてうは、日本婦人団体連合会の会長を一九五五（昭和三十）年に、体調不良のため辞任している。三十歳代の頃、婦人参政権を目指して、治安警察法第五条の改正運動に奔走し体調を崩して以来、頭痛と吐き気を伴う発作は「持病」となり、戦後も続いていた。国際民主婦人連盟副会長の立場も、「体調が許さず、なかなか会議に出席することが出来ない」ことから再三辞意を表明したが、繰り返し慰留されていた。

「やまいの身」という自己イメージから祖母は離れられなかったのである。

阿部次郎、田中王堂、高村智恵子のこと

大学へ入って、英語の授業でジョージ・サンタヤーナを読まされたが、その時の磯野先生は哲学科の先生で、英語の解説を外れて坪内逍遙や、田中王堂や、阿部次郎の話にも触れるのだった。祖母と夕食を共にしていた時、たまたま授業で聞いた王堂の名前を出すと「あの人は「らいてう論」を書いてくれたのよ」という言葉が祖母の口から漏れたのにはびっくりした。私にとっては、大昔の別世界の人として聞いていた人が、祖母が実際に接点を持っていようとは思いもしなかった。王堂は、祖母の所に何度も訪ねてきて、親しく話したという。

阿部次郎の『三太郎の日記』を私が読んでいた時には、「あの人にはダンテの神曲の話を聞いたわ」と言うのである。改めて新鮮な目で祖母を見直す思いであった。

テレビで高村光太郎をモデルにしたドラマがあった時、智恵子役を演ずるのは大空真弓であっただろうか？　それを見ていた祖母は「こんな人ではないわ。いつも下を向いて、こうしてたわ」と両方の肩をすぼめて首を垂らすのだった。

明治・大正という時代は、私には教科書に載っている、遠く過ぎ去った時代でしかないが、

この人にとっては、生き、接し、関わってきた、今も心の内に生き生きと存在し続ける時代なのだとつくづく思い直すのであった。

祖母への頼み事

大学一年の夏、建て増しをして、四畳ではあったが初めて自分の部屋を持つことが出来た。新しい部屋の壁を飾るものとして、祖母に「色紙を書いてほしい」と頼んだ。祖母の書を一つ身近に置いておきたかったのである。祖母に対する初めての頼み事であった。

祖母は「書いてみましょうかね」という。いつものように、余り表情を変えずに、小声で言う一言だけであった。快諾という表情には見えなかった。頼んではみたが、手応えは薄く、いつ書いてもらえるものやら、見当がつかない思いであった。

ところが、翌週には「書いたわよ」と笑顔で声をかけてくれた。こんなに素早い対応は予想外であった。私の願いを、ちゃんと聞いていてくれたんだ、との思いが湧いてくる。祖母の部屋に行くと、二枚の色紙に「飛躍」「無盡蔵」とある。雄渾と言ってもよい、迸るような筆跡である。女々しさは見えない。話し言葉では、小声であり、穏やかであり、控え目に言葉少なにしか表現しない人なのに、文字で表す段になると、なんと魂魄込めた濃密な言葉を選ぶものかと、大いに驚かされた。

らいてうが孫・直史に書いた色紙「飛躍」（1963年）

この言葉は、二十歳を前にする孫の所望に応じて選んだ言葉であったが、「若い時分にもよく書いた」と言う。右肩に押してある遊印の「随処為主」についても、「どんな所でも、積極的にということよ」と教えてくれた。

祖母はかつて、二十五歳の時に「精神集注の只中に天才」を求めた人である。半世紀を経て喜寿の歳になっても、祖母がなお「無盡蔵」の可能性を想い、さらなる「飛躍」を期する気概を、内に燃やし続けていたのである。以後、私の選んだ「飛躍」の文字が、私の机の右の壁を飾ることとなった。

祖父・博史の葬儀

大学一年の二月に祖父・博史が再生不良性貧血で亡くなった。祖母七十八歳の時である。祖母の選んだ葬儀は神式であった。

すでに見てきた通り、祖母は若い頃、禅の修行に打ち込んでおり、私の知っている頃でもしばしば座禅に取り組んでいたが、仏式の葬儀は選ばなかった。

我が家には、仏壇はなかった。祖母の姉・孝は熱心な大本教——後にその流れを汲む三五教《あなないきょう》——の信者であった。孝が持ってきた小さな神棚が、祖母の部屋には置いてあったから、祖母が神道にも近しいものを感じていたのは確かである。しかし、祖父の葬儀に際して来てもらったのは、葬儀社に紹介された隣町の神主であった。

祖母は宗教的体験にひかれることが大きく、宗教性の強い精神生活を持ってきた人だが、宗派性へのとらわれはなかったと言えよう。祖母の家にあった谷口雅春の書いた『生命の実相』を手に取りながら、「宗教は、どの宗教も、最後の所は同じなのよ」と私に話してくれたことも覚えている。

祖父の葬儀に際して祖母は、神式という形態を選んだが、特別なこだわりに基づいての選択であったとは、私には思えない。祖母の思いは、葬儀という社会的儀式の進行役を、たまたま隣町の神主さんにお願いしたという程度のことであったと私は受けとめている。

葬儀の前後

前にも触れたように、祖母は大きな声が出ない。電話で話すことはいつも難題である。武者小路実篤さんに電話した時の祖母の表情が忘れられない。葬儀のお知らせのハガキに、友人代表として名を出すことを了解してほしい旨の電話であった。祖母は体全体で振り絞るようにしてその意を声にしようとしていたが、ほんの小声にしかならず、なかなか意図は通じなかった。最後には母が電話を代わってようやく了解を得たのだった。

武者小路さんの弔辞には「奥さんの声は涙声だった」と書かれていた。武者小路さんは、涙に暮れて声が出なかったと解したようだが、その時、祖母は泣いてはいなかった。葬儀を通して、祖母の涙は一度も見なかった。

文章を書くことでも不器用そのままの祖母であった。会葬御礼のハガキの文面を早く決めるように葬儀社の人に言われた時、葬儀の手伝いに来てくださった一婦人（＝Iさん）が気を利かして「先生、おっしゃってください、書き取りますから」とペンと紙を持って祖母の傍らで待機したが、祖母は口ごもってしまい、言葉が出ない。しばらく、沈黙が続いた後、祖母は「向うで書いてきます」と人の集まる所を避けて、一人部屋に閉じこもってしまった。ハガキ一枚の文章をまとめるのに、なおしばらくの時間を要した。Iさんは、それを見て「あぁ！鈍いんだ」と小声で呟いたのである。祖母は、人中を避け静かに閉じこもらないと、ちょっとした文章を書くことも出来ないのであった。

葬儀の後、祖母は一人の生活となった。一人の生活では心配でもあるから、親族の誰かが同居するかという話も出たが、その申し出を断り、祖母は今まで通りの生活を一人で続けることを選んだ。七十八歳から、生まれて初めての一人暮らしが始まった。
　自伝をまとめることを手伝ってくださっていた小林登美枝さんが、葬儀後初めて祖母を訪ねて「お寂しくなりましたでしょう」と声をかけた時、祖母は、「寂しくはないけど、悲しいわねー」と答えたという。小林さんは、この言葉を、納得しかねるような表情で語っていたが、私には、分かるような気がした。
　祖母は、「孤独を、静閑をお与え下さい」（二三二頁参照）と神に祈った人である。誰かに身近にいてほしいという思いはなかったであろう。一人での生活は、特に寂しいとも、心細いとも思わない。孤独の中に時間を過ごすことは、むしろ望み、願うことであった。孤独は、祖母にとって、特に辛いことではなかったのである。ただ、ずっと心にかけ、大切に思ってきた人、博史を失ったことは、なんとしても悲しい出来事であった。その悲しみを大事に味わい、抱えながら一人での生活を、祖母はあえて選んだと私は思っている。

「平塚さんが好きだったんですよ！」

　祖父が亡くなった後の「五十日祭」であったかと思う。身内の者と共に、近くに住む旧友の富本一枝さんもお集まりくださった。葬儀の時のような緊張感はなく、互いに見知った者同士の会話がはずむ。富本一枝さんが、いつもの、すこし高めの、大きな声で表情たっぷりにお話しくださった。

「これは、家の庭のリラです。今年の初咲きです」。大きな、一抱えのリラの切り枝だった。膝が痛いはずの人が、大きな花束を持参してくれたのである。明るい声である。

「私は、子どもが大好きです。子どもって、我がままですよね。好きなものは欲しいと言い、イヤな時には遠慮なくイヤな顔をする。でも、おなかの中で、イヤだな、と思っていながら、顔だけ違う表情するということはないでしょう。それが、良いんです。だから、私は、子どもとは、いつも、皆、友だちです」。笑顔満面での話である。さらに話は弾む。

「イヤー、私は何しろ、平塚さんが好きだったんですよ！」と、五十年以上前の思いを、そのままに、富本さんは、屈託のない表情で披露して下さった。

こうした一枝さんの話しっぷりを聞いていると、七十歳を超すこの方が、なんとも初々しく、子どもそのものの裏表ない心の持ち主だということが、手に取るようにわかるのであった。こうした、型破りの率直さが、祖母にとってもたまらない魅力と感じられて、二人は急接近したに違いないと、私は納得するのであった。

しかし、一枝さんのこんな話を直に聞いていても、祖母は一向に表情を変えずにおり、口も開かない。いつもの無口な祖母であった。

祖父のデッサン集の出版

「デッサン集刊行実現努力のこと、己がしないで誰がする、今しないでいつできる」。祖父が関東中央病院に入院中に、手帳に書き込んだ一節である。それを祖母は読んだのであろう。それまで既に数年続けていた祖母の自伝執筆の作業は、祖父の死後、しばらく頓挫した。祖母は、祖父のデッサン集刊行で頭が一杯になってしまったのである。

小林登美枝さんも、「先生は、デッサン集のことが済まなければ、自伝執筆にはかかれない、とおっしゃるものですから」と、一緒にデッサン集の編集に力を貸して下さった。

43歳のらいてう（1929年、画＝奥村博史）

「奥村博史遺作刊行会」を呼びかけ、下打ち合わせの集まりを持ち、出版社との交渉が進められた。私も会合の手伝いにかり出された。詰め襟の学生服姿での参加である。六本木の龍土軒だったであろう。三十人程の会合で、挨拶に立った祖母の声は、いつも以上に小さかった。話が聞こえたのはおそらく祖母の間近にいた四、五人だけ

6人の孫と共に（1965年）

であったろう。祖母の表情を見れば一所懸命に話していることは分かるのだが、声にはほとんどならないのだった。司会進行の野田宇太郎氏も困った表情で「お声は聞こえにくかったと思いますが……」と言わざるを得なかった。たくさんの人に話しかけようと頑張れば頑張る程、かえって声は出なくなってしまうのだった。

『奥村博史素描集』（平凡社）が出たのは、祖父の亡くなった年、一九六四年十一月である。その話し合いの過程で「指環の本を、是非出版して欲しい」という声が会合参加者から上がって、翌六五年に『わたくしの指環——奥村博史作品集』（中央公論美術出版）がまとめられた。小林登美枝さんは「先生は、いつまでも時間がおありだと思ってらっしゃるのかしらね」と心配することしきりであったが、自伝執筆には結局、まる二年、手がつかなかった。

博史の思いは何処までも尊重し、叶えさせてやろうとした祖母であった。

「憲法を守らねば」と訴える傘寿

一九六六〔昭和四十一〕年、八十歳となり、傘寿を迎える年にも、らいてうは「軍備撤廃、戦争放棄」を目指し「憲法」を守ろうとする気概を堅持し、主張し続ける。

「〔前略〕新憲法の実施によって「青鞜社」以来わたくしたちが主張し、また行動によって要求しつづけた封建的な男女差別の撤廃、男女平等の実現が、国法の根本理念として、法制上にもはっきりと掲げられたのです。若い日からの念願であった、婦人解放の門口にようやくたどりついたよろこびとともに、もう一つの大きなよろこびは、この新憲法が永久平和をねがい、軍備の撤廃、戦争放棄を宣言する平和憲法として生まれたことで、過去の日本の軍国主義の罪悪をつぐない、民族の未来に明るい展望をあたえるものとしてまことにうれしく思われたものでした。／その日からまだわずか二十年足らずの間に、日本はなんと大きく激動にさらされてきたことでしょうか。明るい未来を保障されたかに見えた婦人の地位も、実質的なみのりの成果は少ないままに、婦人の進出を阻止する反動の政治が、暗雲のようにわたくしたちの周囲をとざしはじめました。〔中略〕わたくしたちはどこまでも憲法を防波堤としてたたかう必要があり、それゆえにこそ、憲法改悪を狙う汚れた手から、あくまでも憲法をまもりぬかなければ

ならないと覚悟しております」（7-430~431）

祖母の病気

祖母がみずおちのあたりの痛みを訴え始めたのは、一九七〇年六月頃であった。八月三日に東京・代々木病院に入院して検査し、二十九日には一旦退院している。十月に私・直史の結婚式があり、幸に祖母にも出席してもらうことが出来た。「最近の結婚式は、本人たちも歌を唄わされて、大変ね。伊勢エビがとてもおいしかったわ」と言ってくれた。新婚旅行でアルプスの蝶ヶ岳に登った時に初めて〝雷鳥〟に出会うことができ、我々夫婦は大いに喜んだ。しかし、そのことを祖母に報告しそこなっている。話したら喜んでくれただろうに、と思うのだが、残念でならない。

今井浜にて、敦史と共に（1970年）

十一月五―七日に、祖母は、父の運転する車で、母と共に伊豆今井浜、箱根をドライブしている。今井浜では日の出を久しぶりに見て喜んだという。

十一月十二日に再度入院し、正月は自宅に外泊したが、以後入院生活が続くこととなった。

私は、妻の洋《ひろみ》と共に仕事帰りに何度か病院に寄り、おしゃべりした。ある時「フロイドの考え方は好きじゃなかったわねー」との言葉が祖母の口からもれたことがあった。その頃、私は慶応病院で開かれる小此木啓吾先生の「フロイドセミナー」に通っていたから、一瞬言葉に詰まって、何も言えずにそのままになってしまったが、いったい、どの様な思いが祖母にあったのか、今になってみると、聞いておけば良かったと悔やまれる。

　早春、千葉の千倉へ花を見に行った帰りに寄った時、摘み取ってきた紫羅欄花（あらせいとう＝ストック）、矢車草、ヒナゲシ、キンギョソウ等々の花束の中から選んでもらうと、祖母はアザミを選び「この色が鮮やかで何とも言えないわね」と所望した。

　私はそう記憶するのだが、アザミは秋の花である。記憶の錯誤かと、今、改めて調べてみると〝ドイツアザミ〟は、春にも開くとのことであり、どうやら、それであったのか？　その時、祖母はストックも気に入ってくれたように思う。

　成城の奥に越すと、そんなに広い庭ではなかったが、隣の植木農家から祖母は庭木や草花をいくつも選んでいる。しかし、自分で草花の手入れをしたわけではなく、もっぱら見る側に身を置いていた。庭を造るよりも、祖母は、自然の野山に咲く草花が好きであった。昭和八年に出した『雲・草・人』では、竹や、辛夷《こぶし》、桐、藤、針槐《はりえんじゅ》（ニセアカシア）、山躑躅《やまつつじ》などの木の花や、麦、土筆《つくし》、蓮華、野蒜《のびる》、菜花、蕺《どくだみ》、擬宝珠《ぎぼし》、竜胆《りんどう》、吾亦紅《われもこう》、秋海棠などの野の花につい

自宅の庭で、中西梧堂さんと共に（1970年）

て、いかにも嬉しそうに、生き生きと書いている。

一九七一年二月の後半頃であったと思う。妻が妊娠したことを報告すると、祖母はいつものように、余り表情を変えずに、「ものを産み出す、生産するということは、何を作り出すにしても大変なことよ。しっかりおやりなさい」と穏やかに話した。それだけであった。ちょっと戸惑った覚えがある。しかし、慣習的な言葉は使わずに、祖母は、自分が実感できる言葉で思いを伝えてくれたのだと、私は思っている。

『青鞜』を作り、自分の思いを文字にして表すことも、仲間と「新婦人協会」を組織し、社会的な運動を展開することも、愛する男と家庭を作り、子どもを育てて、次世代を生み出すことも、それぞれ〝作り、産み出す〟ことであり挑戦であった。同じように、あなたも、新たな創造に向かって「しっかりおやりなさい」と言ってくれたのだと、私は喜んでいる。

こんな話をした同じ日だったのだろうか、妻が木彫りの小さな雛人形を見つけてきて、祖母の枕元に飾った。ベッドサイドで祖母を見守った雛は、今は我が家に戻り、春には毎年、私どもを見守ってくれている。

四月に入ると点滴の反復で血管がつぶれてきて、針が入らなくなった。四月二十日には「もう、血管が限界にきているのだから、これ以上無理なことはしなくてもいいと先生に言ってほしい」と息子・敦史に祖母は伝えている。

一九七一（昭和四十六）年五月二十四日に、祖母は息を引き取った。享年八十五歳であった。

平塚らいてう歿後について

らいてうは生存中から小林登美枝さんの助力のもと自伝の執筆を手がけており、入院中の最後の病床においても口述筆記を続けていた。歿後、小林さんのご努力によって、一九七三年に『平塚らいてう自伝――元始女性は太陽であった』（大月書店）が四巻本にまとまり、それは三十数刷りを重ね、さらに九二年には文庫化もされており、多くの人に読まれている。八三―八四年には『平塚らいてう著作集　全七巻＋補巻』（大月書店）も刊行されている。

教科書『小学　社会6年上』（大阪書籍、平成七年検定）、『小学　社会6上』（教育出版、平成二十二年検定）、『中学　新しい社会　歴史』（東京書籍、平成十七年検定）には、それぞれ半頁を取って『青鞜』および平塚らいてうについての記述が見られる。『高等学校国語　現代文』（東京書籍、平成十一年検定）には「元始、女性は太陽であった」が掲載されている。

一九九二年には「平塚らいてうを記念する会」（二〇〇一年にNPO法人「平塚らいてうの会」と名称変更）が発足し、以下のような多彩な活動が展開されている。九八年、神奈川県茅ヶ崎に記念碑建立。二〇〇一年、記録映画『平塚らいてうの生涯——元始、女性は太陽であった』（羽田澄子監督作品）完成、岩波ホールでの上映。〇六年、長野県上田市真田町に「らいてうの家」完成。その他、多数の講演会・学習会を継続して開いている。一〇年二月、東京上野の文化会館で開かれた小森陽一氏を講師に招いたらいてう講座「夏目漱石と平塚らいてう」には、雪の日にもかかわらず九十名を超える人々が集まり、中には「朝、高知を発って来ました」という婦人もいて、熱気に満ちていた。同年十一月には東京都武蔵野市男女共同参画推進本部企画の研修会が催され、上田の「らいてうの家」を訪問、四十数名の人々が館長の米田佐代子氏の話を聞き、熱心に見学している。こうした人々の心の中には、今も「らいてう」は生きていると言えよう。

平塚らいてう歿後四十年経つ今も、一部の人からは熱い思いと、根強い関心が寄せられている。しかし、一方で若者からは「〝らいてうの会〟って、野鳥の会ですか？」という声が聞こえてくることも事実である。

終章　「はにかみや」のらいてう

博史と自宅の庭で（1961年頃）

婦人党内閣総裁・平塚らいてう

一九五四（昭和二十九）年の『婦人公論』十月号は特別企画「婦人党内閣成立す」を編集し、内閣総理大臣として平塚らいてうを選出している。外務相・坂西志保、大蔵相・石垣綾子、法務相・平林たい子、労働相・山川菊栄らを従えての組閣である。この記事の中では、当時の現職総理大臣・吉田茂を尻の下に敷くらいてうの姿を漫画絵にまでして載せている。

この記事が書かれた一九五四年は第五次吉田内閣の時代であった。「婦人党」を想定することで、合計七年にも及ぶ長期にわたる吉田内閣の施政に反旗を翻すことを期待し、新たな変革を求める気運がその当時の日本にはあったのであろう。

総理大臣吉田茂は、優れた政治感覚と強いリーダーシップで混乱激しい敗戦後の日本の再建に努めた。自己主張の強い頑固者で、自説を曲げず、反対されるとしばしば癇癪を起こし「ワンマン首相」とも呼ばれる、個性豊かな人物であった。国会で質疑に立った野党議員に吉田首相が「バカヤロー」と叫んだことで審議は紛糾し、解散に至ったこともあった。いかにも剛胆、不遜を思わせる、やり手政治家に対抗する勢力の旗頭にふさわしい人物として「平塚らいてう」がマスコミによって想い描かれていたということになる。時には暴君とも呼ばれた、豪腕極まりない政治家と、直接わたり合うに足る強烈な個性と、力強さと、機敏さをもった存在、吉田茂を尻の下に敷くことも可能な「おんな」と、らいてうは目されていたわけである。

当時のらいてうの文筆活動

前にも触れたように、らいてうは、太平洋戦争の始まる一九四一（昭和十六）年からほとんど原稿を書かなくなり、敗戦後しばらくは社会的発言も乏しかった。

それが、一九五〇（昭和二十五）年全面講和を主張する「非武装国日本女性の講和問題についての希望要項」（前述一九四頁）の筆を執って以後、社会的・政治的な状況に即応した積極的

吉田茂を尻の下に敷くらいてう

発言を続けて発するようになる。戦後、この時期にらいてうが関与したメッセージ、声明、アピールの主なものを列挙すると以下のようになる。

一九五〇年六月二十六日　「非武装国日本女性の講和問題についての希望要項」
一九五一年二月八日　「講和問題に関する日本女性の希望要項」
一九五一年八月十五日　「三たび非武装国日本女性の平和声明――一方的講和を前にして」
一九五一年九月　「インド・ネール首相への平和メッセージ」
一九五二年四月二十八日　「講和条約発効の日を迎え女性は再軍備に反対する」
一九五三年十月一日　「中華人民共和国四周年を祝福して」
一九五四年九月十五日　「全世界の婦人にあてた日本婦人の訴え――原水爆の製造・実験・使用禁止のために」

らいてうが筆を執った、これらの社会的意見表明から、吉田茂に対抗し得る力を持った政治的社会的活動家としての、らいてうのイメージは作られたのであろう。

マスコミが形作る「らいてう像」は、らいてうの著作の内の「元始、女性は太陽であった」を代表とする、既存社会の在り方を批判する〝社会的発言、主張〟のみに注目して作られたものと私には思える。たしかに、月刊誌『青鞜』、新婦人協会の機関誌『女性同盟』、無産婦人芸術連盟の機関誌『婦人戦線』に書いてきた原稿には、社会的問題の論評や、運動の展望、報告、振り返りが多い。社会的発言が中心であったと言えるだろう。しかし、四十歳近くになって、東京郊外の千歳烏山、成城に住む頃には日常生活を描写した随筆や散文も多く書き、その中で自身を振り返り、毎日の生活を確認し、表現している。それらを中心に一九三三（昭和八）年には『雲・草・人』（小山書店）と題した一冊もまとめられている。この本の初めには、以下のようにある。

「此の書は大正から昭和に亙る十数年間のわたくしの日常生活を中心として、折ふしの心境を、その身辺雑事を記した随筆集で、この種のものを一巻として公にするのはこれが最初であります。／すでに出版されている数巻の評論集によって、わたくしの思想の歩みを御理解下さった読者は、更にこの書によって、わたくしといふ一人の女性の姿をやや全的に心に描いて頂けることとでせう」（『雲・草・人』一頁）

本の背には『らいてう随筆集 雲・草・人』とペンネームを記してあるが、奥付けを見ると「著者 平塚 明」と本名を使ってある。思想を語る〝平塚らいてう〟と、私的な日常を語る〝平塚明〟とは、別次元の存在であり、この両者を含めた「全的な一人の女性」として己を見てほしいという、らいてうの思いが、ここに込められているに違いない。

孫の立場から共に生活する中で見えた生活者としての祖母の姿は、当然「平塚明」の視線から書いた文章に近く、重なる。一方に文筆を通して社会的発言をする「らいてう」があり、他方にそれとは大いに違った姿を私は見てきた。孫として、私の接した体験も加えて、祖母のより全体的な人格像を捉え、理解したいと私は考えている。そのために、いささか細かくなるが、以下で祖母の性格的特性について検討してみたい。

非社交性と孤独癖

祖母は、人と会うこと、人中へ出ること、いわんや多数の人の集まる騒がしい所へ出ることが苦手であった。人が嫌いというのではない。一方で、友を求め、人を愛する思いも持ちながら、しかし他方で、人と顔を合わすことにはいつも緊張が伴った。人が近くにいることは、らいてうを疲れさせたのである。たとえ好きな人でも、愛する人とでも、一日中顔を合わせていることは苦痛になってしまう。人に対する過敏さが、らいてうにはあった。

一九一四年一月、二十八歳のらいてうは奥村博史との「共同生活」を始めたが、その〝新婚生活〟半年後に次のような文章を書いている。

「自分の過敏な神経や、感じ易く、疲れやすい肉体が呪いたくなる。〔中略〕今の私は自分の愛するものをおいて独旅に出ようとは思わない。それはとうてい今の自分にはなし得ないことだ。〔中略〕愛するものと四六時中共にありたいと願うのは総ての人の心であろう、私もまたそうありたいと願っている。けれど自分は朝から晩まで同じ室にいて自分の愛するものと顔と顔とを合わせていることには堪えられない。机を並べて一緒に読書をしたり、書きものをしたりすることも自分にはできない。〔中略〕ただ自分の側に人が座っているということ――ただそれだけのことから私が感ずる圧迫や不安はどれほどだか知れない。だから半日を人と同室した後の不愉快な疲労はとても他人の想像外なのだ。私は自分のこの非社交性と孤独癖といつも戦っている、そして私はこの不自由や苦痛から自分を救いたく思っている。こういうものから愛されるものは、愛されるものにとっても苦しかろうと思う」（1-336~339）

　結婚を拒否し、あえて選んだ博史との「共同生活」であった。世間の批判を浴びることになることを覚悟しながら、それでも、どうしても一緒に生活をしたかった人であり、決然と主体的に選択して、博史との生活を始めたばかりであった。にもかかわらず、博史が自分のそばにおり、いつも顔を突き合わせていることは、らいてうの神経を疲れさせたのである。どうしても博史と共にいたいという強い思いは十分感じていた。とはいえやはり、博史は自分以外の「人」＝他者であり、他者がそばにいることから「圧迫や不安」を感じてしまう。こうしたらいてうの神経の過敏さは相当重篤である。

孤独と静閑を求める

この過敏な神経を護るために、らいてうは「孤独を、静閑を」求めるのだった。

「神様がなんでもお前のほしいものをやるとおっしゃったら／わたしはためらうことなく申します／孤独を、静閑をお与え下さいと〔中略〕わたしは今都会を捨てます／市場からのがれます／神様！／どうぞ孤独を、静閑をお与え下さい／わたしは孤独のうちに、静閑のうちに／あなたのお国を／かつてわたしの中にあり／そうして人類の中にあった／あなたのお国を／再び見出さなければなりません」(4-230~233)

これは一九二六(大正十五)年、四十歳のらいてうが書いた「土に座して」という文章の一節である。孤独と静閑の中で、内省の世界に浸ることを必要とする、らいてうはそういう人だった。

博史を愛し、博史との間に生まれた子どもたちを愛する気持ちを十分持ちながらも、それでも一日のうちの一定の時間は、子どもとも離れて一人になる時間を欲するらいてうの孤独癖は、晩年まで続いた。私が小学校高学年の頃、祖母は七十歳になろうとする年齢であったが、外出する祖父を送り出すと、ようやくほっとした表情となり「私をしばらく一人にしてちょうだい」と言って、部屋にこもることが繰り返されていたのである。

「はにかみや」で「人がこわい」

祖母の自伝を読むと、幼少の頃から人を避けがちな性向が見られる。

「明治二十三年春、数え年五歳で、〔中略〕富士見幼稚園に入りました。〔中略〕集団生活のなかに入ってみると、生まれつきはにかみ屋で孤独を好む性格が一層はっきりしました。他の子どもが愉快そうに遊んでいるとき、わたくしは片隅で、ただそれを見ているのです。そんなふうに独りぼっちでいるのがさびしいわけでなく、とくに友だちと遊びたいということもありません。〔中略〕なによりもいやなことは、皆の前に出てなにかをやらされることで、そんなときは、足がすくむような気持でした」（I-59~62）

本郷西片町の誠之小学校三年生の時、「二階堂先生から通信簿を渡されたことがありました。帰り道でそっと開いてみると、「どうも友だちと話をするのを避けているし、遊ぶことも嫌っているらしい。どうか家庭で注意してほしい」という意味のことが書かれてあったので、家の人に見せかねて、泣き出したことをおぼえております。〔中略〕いまにして思えば、先生は、わたくしの非社交的な性格や、自由の世界を内部に求めようとする求心的な性向を、一番早く発見してくれた人といえましょう」（I-76）

「はにかみ屋で孤独」を好み、「自由の世界を内部に求めようとする求心的な性向」は、「内向性」と呼ばれる心理的特性そのものである。そうした性格傾向は、早くも幼稚園、小学校の時から目立っており、本人もそれを自覚していたことになる。

対人的に異常に過敏で緊張しやすいことは、次の文からもはっきり見える。

「わたしは人がこわいのかしら、いやなのかしら、あるいはそうなのかもしれない。わたし自身にもよくは分からないけれど、しかしとにかくおおくの場合人間というものはわたしにとってなにかなしの圧迫であることだけはたしからしい。／わたしがもし人がこわいとでも言ったら、人はとても信じまい。のみならずさぞ笑うことだろう。人はこのわたしをめずらしいほど度胸のある女だと言っているのだから」（4-227）

他者の存在を圧迫と感じる敏感さとともに、物音の喧しさも、らいてうの敏感な神経には応えたようである。思い返してみれば、私が幼稚園から小学校の頃、祖母が夕食の時間以外に我々と一緒に過ごす時間をほとんど持たず自室にこもっていたのは、こうした過敏な神経も与《あずか》っていたに違いない。我々子どもの甲高い叫び声やがさつな物音に、顔をしかめて自室の扉を閉める祖母の姿が浮かぶのである。

私の母・綾子は最近こんなことを私に話している。母が里に帰り話している時に、母の妹が「どうしてお姉さんは声を殺して笑うの？　おかしいわよ！」と言ったという。母は「おばあちゃん、おじいちゃんがいつも「うるさい」と言うもんで大声で笑えなくなっていたのね。あなた達にも「静かにしなさい」と随分言ってきたから」と言うのである。

自己表出障害

一九一四（大正三）年、二十八歳のらいてうは奥村博史との共同生活に入るにあたり「独立するについて両親に」という長い手紙を書いた。『青鞜』に公表されたその手紙の一部を既に引用し紹介したが、その手紙の中に、次のような一節が見える。

「ほんとなら御両親の前で細かいことまでいちいちお話しした方が相互の意志が疎通し、感情が融和していいのでございましょうが、御承知のとおり私は口無精な者ですし、またもって生まれた私の妙に人に親しみ得ない硬い心は我が子を信じてどこまでも寛大な態度を見せて下さるお父さんに対しても、また子のために御自分の総てを捨てていらっしゃる情愛深い、やさしいお母さんに対しても三十年近くも同じ家に朝昼顔を合わせていながら、悲しいことにはまだ一度も真に打解けたお話もできずに今日まできたくらいですから〔中略〕こんどもお目にかかってはきっと思っていることの十分の一も言えまいと思いますのでわざと書くことにいたしました」（1-282~283）

「妙に人に親しみ得ない硬い心」も内向的な特性を表すものであり、「打解けたお話もできず」「思っていることの十分の一も言えまい」という現象は、人に対する過敏な神経のために起こる過緊張もからんでいようが、「自己表出障害」と言っても良かろう。

表情や、言葉や、行動に表さないからといって、心の内に何も動くものがない、感じていないかというと、必ずしもそうではない。意識し、考え、思い、欲するといった心的世界を、声や、言葉や、表情や、身振り、行動という身体的・物的な世界に現すことが、しにくい人がいるのである。心的世界で展開する活動は決して乏しいわけではないのだが、それを他者に伝えることが、何故からまくいかない、スムースに表すことが出来ないという特性を持つ人がいるのである。らいてうには、自己表出障害があったのである。

ただ、ここに「お目にかかってはきっと思っていることの十分の一も言えまいと思いますのでわざと書くことにいたしました」とあることは、注目されて良い。言葉に出して言うこと、表情にあらわすこと、という身体的に自己を表出することは出来ないけれども、「書くこと」は出来るのである。らいてうは、書くことで、心の内を表現することは出来る人である。この点は、後にもう少し考えてみたい。

一九二六（大正十五）年四十歳の時の文章では、日常の買い物でも十分言いたいことが口に出せなかったと書いている。

「葱と大根と人参とがほしくて、わざわざ八百屋の店にはいりながら、葱と人参だけは口に出てもあとの一つがなぜか言えないで、とうとう買わずにそのまま店を出るより仕様のないわたしだ」（4-226）

人によっては、なぜそんなことが言えないの！　といぶかしく思うかもしれないが、内向性の強いある種の人には、〝簡単な一言が言えない〟という体験を伴う例が時に見える。右に引いたらいてうの体験も、そうした「自己表出障害」にあたるものと言えよう。

六十歳でも「はにかみや」

さらにこの先には、以下のように書いてある。

「こうして十年、十年、また十年と歳月が流れていく。いつかわたしの髪の毛がほんとうにまっ白になり、わたしの額にほんとうに幾筋かの皺が深く刻まれるだろう。そうしたらわたしの孫たちがおばあさんおばあさんとわたしを呼び出しにくるかもしれない。／その時、わたしはやっぱりこんなにはにかみやだろうか。しかしそれなら、それでいい、それがほんとうのわたしであるなら」（4-228）

私は祖母を「おばあさん」ではなく「おばあちゃん」と呼んでいた。そして、確かに「ご飯ですよ」と呼びにいくことはあったのだが、遊びたくて呼びかけたことは……どうも記憶にない。

そんなに気安く誘える雰囲気ではなかったのである。怖い人ではないし、不親切とも思わなかったが、身近に感じる人ではなかった。同じ一つ屋根の下で生活してはいても、祖父母の部屋は子どもたちのテリトリーの外であり、近寄りがたく、祖父母は遠い存在であった。一緒に遊んでくれる人とは思えなかった。それは、現象的には、祖母がほとんど自室を出ない閉じこもった生活をしていたからなのだが、その背景には、右に書いたような祖母の性格傾向が大きく影響していたに違いないと私は思っている。

内にこもり、感情表現も乏しく、自分からしゃべることも少なく、いつも内向して自分一人の心的世界に閉じこもりがちな、祖母の硬い生真面目な性格が大きく作用していたのであろう。私の生まれたのは祖母が六十歳になろうとする頃であったから、私の知っているのは「髪の毛が白くなった」祖母であったが、その時も「はにかみや」という人になじみにくい一面は、小さな孫に対してもなお残していたのである。

「外柔内剛」の二面をもつ人

らいてうは、いつもいつも静かにしていたわけではなく、全く自己表現しないわけではなかった。内にこもりがちではあっても、精神的エネルギーは豊かに内蔵していた。

周囲の刺激を敏感にとらえて、心の内側でいろいろ思い、考えを巡らしており、内省し反芻する心的世界は豊かに展開している。しかし、心の壁は厚く、高く、外には現れない、表さない。おおくの場合は、外的刺激にすぐに反応することはなく、感じていることを外に表現することは少なかった。それでも、稀ではあっても〝これは、どうしても表現しなくては！〟との思いが煮詰まり、ひとたび内にあるものを表わす段になると、それは極めて個性的な大胆な主張となり、行動となったのである。

お茶の水女学校時代、修身の授業をボイコットして家に帰ったという行動も、当時としては破格の突飛な行動であったと言えよう。

日常にあっては決して活動的、行動的な人とは言えず、いわゆる反応の早い機敏な、腰の軽い、フットワークの良い人ではない。自分の関心に基づく知的興味は旺盛で、そうした欲求を満たすためには、寺に通い、学校へ足を運び、図書館で貪欲に知識を吸収する、そうした自分の生きる道を探し求めることに忙しく動いていた。しかし、それはあくまで内的世界の活動が中心であった。他の人へ働きかける、外向的社会的な活動については、むしろ臆病と言ってもよいほど慎重で鈍重な人だった。しかし、自分が見出した問題点や、疑問に対する取り組みには、大変大きな精神的集注力と持続力を示し、こだわったのである。そして、どうしても納得いかない時に打って出る表現は、徹底したものとなり、エネルギッシュで過激な行動となった。「自分は新しい女である」と言い放ったり、結婚手続きをとらないで、男との「共同生活」を、あえて公表して始めるという行動選択にもなったのである。

このたまにある過激な行動だけを見て、らいてうに対する「度胸のある女」というイメージが、世間では作られたと言えよう。しかし、それは、いわば「非日常」と言ってもよい。むしろ、「日常」は、内にこもり、静かな、穏やかな姿ばかりだったと言えよう。「動」と「静」の落差の大きい、二つの際だった面を併せ持った人なのである。

小林登美枝さんは、次のように表現している。

「性格は、一言にしていえばきわめて外柔内剛っていうんでしょうか。そういう言葉をつかえば、外側はほんとに穏やかでやさしい、しかしたいへん芯のつよい人です。そして、物事を行うときには、きわめて丹念に考える。短絡しない人ですね。それでいてパアーッと猛烈な衝動的なこともする。いわば衝動的行動力をもっている人です。〔中略〕かつてわたしが、どういうことが一番お嫌いですかと聞いたことがあるのです。そうしましたら、「わたしは他からおしつけられるのが一番嫌いなのよ」と即座に言いました」（古在由重・小林登美枝『愛と自立』一一三頁）

「穏やかでやさしい」が「芯のつよい」、「短絡しない」しかし「猛烈な衝動的なこともする」という両極端の側面が一人の人格の中にある。矛盾した特性を併せ持つことは不思議であるが、ある種の内向的な人には時に見られる。ドイツの精神医学者E・クレッチマー（『体格と性格』相場均訳、文光堂）は、自己表出障害を含めて、過敏と無感動という両面を併せ持つ性格として「分離性性格」という性格類型を記述している（戸川行男『性格の類型』金子書房）。らいてうは、この「分離性性格」の特性を、かなり濃厚に持っていたと言えよう。

「思考」と「直観」機能が優位な状態

明＝らいてうが女子大に通って二年目、一九〇四（明治三十七）年に日露戦争が始まり、女子大生にも出征兵士への慰問袋を作ったり、繃帯巻きをやったりする人も多く現れる。国をあげて戦争に協力する空気に満ちていた時代であった。しかし、そうした周囲の騒ぎには目もくれず、明は「相変わらず観念の世界に閉じこもって自分の内的な問題にばかりとり組んでいた」（I-189）のである。「神とはなにか、我とはなにか」と悩み「神に酔える無神論者スピノザの神観に心をひかれたり、内観的な、エクハルトの神との合一に興味を持ったり、それからまたドイツの観念哲学にとりくみ、ヘーゲルの絶対者の観念に、ある程度の満足を見出したりしているような自分」（I-175）であったと述懐する。そうした観念の彷徨にも行き詰まり、最後は座禅の修行に懸けることになったのである。

右のような当時の明の心理的世界は、感情的な側面よりも思考的な心理的機能が活発に働いている状態と言えよう。好きか嫌いかという感情的な選択よりも、はるかに論理的思弁的な考え方にのっとって物事を判断する傾向が強かった。さらに、いわゆる五感をつかって確かめる感覚機能でものごとを把握するよりも、当時の明には、第六感と言われるような心の中の閃きに依拠することの多い宗教的な世界への接近が多く見られる。「文学や科学的なものにはほとんど興味がなく、もっぱら抽象的なものに惹かれていました」（I-177）とも書いている。感情的な問題を扱わずにはすまない文学や、客観的具体的な対象観察という知覚機能を中心にして対象理解に迫ろうとする科学というジャンルには、明の関心はほとんど向かっていなかった。

人間の心理的態度を表す「内向」「外向」という概念を提起したことで有名な、精神分析家C・G・ユングは、心理的機能を「思考」「感情」「感覚」「直観」の四つに分け、さらにそれが「思考：感情」「感覚：直観」という二つの対をなしていると考える。その考え方に沿って見るならば、女子大時代までの明は、心理的注意や関心はもっぱら「内向」に傾き、論理的思弁的な「思考」機能に基づく判断が最も優位をなして働いていた。それに比べて「感情」的な心の動きは乏しく低調であったと言えよう。宗教的な心の閃きで対象の本質に迫ろうとする「直観」機能が「思考」に次いで重きをなす状態であったに違いない。「感覚」機能の活動は不活発な状態であった。

思考と感情の拮抗状態

二十歳の夏、見性後に禅僧との接吻や、塩原事件（六〇頁）という唐突と言うにふさわしい出来事が相次いで生じている。当時、明の心理世界は大きく変化し、感情機能が、いわばインフレ状態を起こしていたと言うべきである。それ以前の思考機能を中心とした明の世界は大変強固なものであった。逆に、それと対をなす感情機能は、それまで徹底して内に閉じ込められていたのである。深く沈んでいた心理的側面が浮上するという大仕事が、明の心の中で生じたことになる。

「徐々に心境が展開し、ついに百八十度の心的革命というか、一大転回を遂げたのでした。これはわたくしにとっては、まさしく第二の誕生でした」（I-210）と表現されている。革命期は動揺と混乱をはらむのが常である。新たな心理的な側面の誕生に伴って体験される感情機能を中心にした活動は、当然のことながら、明にとっては、ほとんど初めての体験であり、稚拙で、なめらかさに欠け、ギクシャクしたものとなりがちであった。

禅僧・中原秀嶽との接吻という出来事も、文学講師・森田草平との塩原事件も、異性への関心、好奇心という極めて未分化な、感情的な心の動きから生じた出来事であったに違いない。しかし、初めての接吻を「あんな行為があの時、咄嗟に、むしろ自然に出てしまったのは、どういうわけか、その解答はいまでもよくわかりません」（I-231）と言うのである。こうした感情に突き動かされて生じたに違いない体験が、明には、自己意識の中で十分なじめずにいたことが分かる。

塩原事件でも、二人が初めて個人的に話してから、わずか五十日で雪山に死を覚悟して出かけるという急激な対人的な結びつきを体験しているのであり、そこには感情機能の爆発的な燃焼があったに違いない。しかし、自伝で、塩原事件を巡って八十頁ほども書いていながら、森田草平についての感情的な叙述は乏しく、ほとんど見られない。

「森田先生は大きな頭、大きなからだで動作が鈍く、隙だらけの感じですが、それがかえって、愛嬌となっているともいえるのでしょうか」(I-237)という表現以外、「愛」とか「恋」とか「好」という表現が一切ない。森田草平に対して、らいてうがどのような感情を抱いていたのかは自伝には書かれていない。

後に奥村博史との共同生活を始めるに際して書いた「独立するについて両親に」においては、「「独立」を成就するようにしてくれたのは全くH〔博史〕に対する私の愛の力」(I-289)と明確に「愛」という言葉を使っているのとは対照的である。

ところが一方で、自伝には、森田と二人「性欲」について何度も論争したことが書いてある。明は「そんな要求をわたくしになさっても無駄です。わたくしは女でも、男でもない、それ以前のものですから」(I-243)と言い放っている。感情とは無縁であり得ないはずの「性欲」について話しながら、論理で固めた話し方である。異性と死を覚悟しながら雪山に出かけるに至るという、極めて濃密な人間関係を展開しながら、当然こうした行動に伴っているはずの感情的なうねりを、どうやら明は実感しきれず、意識的、自覚的には捉えきれていなかったようである。明の心理世界では、それまで蓋をされ、沈黙させられていた感情機能が、見性に伴って浮上してきたとはいえ、未だ十全に機能し得ずにいたのである。一方で以前から備えていた思考優位の状態があり、両者が互いに拮抗し、不安定な緊張状態が生まれていたと言えよう。

らいてうが塩原に向かうにあたって家に残した遺書には、次のように書かれている。

「わが生涯の体系を貫徹す、われは我がCauseによって斃れしなり、他人の犯すところにあらず」（I-256）〔causeは『ジーニアス英和辞典』（大修館）によれば「結果としてある事態を生じさせるもと」が本義。①原因②理由、動機③主義、理想④訴訟理由〕

また、友人へ遺した手紙は、以下のようである。

「拝啓、我が最後の筆跡に候。今日学校には行きませんと申せしは、実は死すとの事に候。／願わくば君と共にならざるを許せ。君は知り給うべし、余は決して恋の為人の為に死すものにあらず。自己を貫かんが為なり。自己のシステムを全うせんがためなり。孤独の旅路なり。天下余を知る者は君一人なり。余が二十年の生涯は勝利なり。君安んぜよ。而して万事を許せ。さらば」（小林登美枝『人と思想71　平塚らいてう』六八頁）

この文章が、いかにも堅苦しく、優れて論理的思考によって形作られていることも、感情機能がなめらかに活動し体験されてはいなかったことを示していよう。

感情機能の継続的成長

見性直後一年半のあいだに生じた「突然の接吻」そして「塩原事件」においては、感情の動きは唐突さを伴っていたが、それ以後、明の心の中で感情機能は活発に働き続け、成長を続ける。より豊かになり、滑らかさを増し、次第にうねりとなって体感されるようになる。

見性後五年経った一九一一（明治四十四）年、二十五歳で明は『青鞜』創刊に参加したが、その時書いた「創刊の辞」には、感情の大きなうねりと迸りが現れていると言えよう。既に見た引用を繰り返そうとは思わない。まだ引いていなかった以下の部分からも、切迫した感情の高ぶりが見て取れる。

「「隠れたる我が太陽を、潜める天才を発現せよ。」こは私どもの内に向っての不断の叫声、押さえがたく消しがたき渇望、いっさいの雑多な部分的本能の統一せられたる最終の全人格的の唯一本能である。／この叫声、この渇望、この最終本能こそ熱烈なる精神集注とはなるのだ。／そしてその極まるところ、そこに天才の高き王座は輝く。／〔中略〕私どもは奇蹟を求め、遠き彼方の神秘に憧れるものではない、我れ自らの努力によって我が内なる自然の秘密を暴露し自ら奇蹟たり、神秘たらんとするものだ。／〔中略〕よし、私は半途にして斃《たお》るとも、よし、私は破船の水夫として海底に沈むとも、なお麻痺せる双手を挙げて「女性よ、進め、進め」と最後の息は叫ぶであろう。／〔中略〕烈しく欲求することは事実を産む最も確実な真原

因である」（1-18~27）
一九一二年夏には奥村博史と出会い、二人の関係を深めることと並行して、らいてうは恋愛、結婚、性についての体験と思索をますます深める。そして一五（大正四）年には出産を経験し、母親として子どもに情愛を豊かに傾ける体験につながっている。さらに、子育ての戸惑いと混乱と歓びの中から「母性」の意味を確認することとなる。以後母性と子どもを守り支えることに心血を注ぎ、幼少期から持っている「はにかみや」という自分の性格と闘いながら社会的な運動を組織していくこととなる。こうした、らいてうのそれ以後の歩みがあったのは、見性体験を通して拓かれた感情機能の充実と成長が、あったればこそである。

禅が「行動」を開いた

小林登美枝さんは、書いている。
「臨終への時を刻む病床のある日、明が私に言ったことがある。／「このごろつくづく思うのだけれど、わたしが禅をやっていなかったら、ずいぶん、行動とは縁のない人間になっていたと思うのよ」／まさに、禅による回心の大きさを物語ることばだった」（小林登美枝「平塚らいてう」『近代日本の女性史8　自由と解放と信仰と』一八二頁）
らいてうは、もともとは、内省的な世界に浸るばかりで具体的な日常世界での行動は大変乏しい人だった。内向性が強く、思ったことを即座に行動に移すことが苦手であったことはすでに書いたとおりである。私の小さい頃も、たまに部屋を覗くと線香を立てて座っている祖母があった。結跏趺坐《けっかふざ》ではなかったと思う。正座の形で座っていたように記憶する。終世、座り精神集注し、内観する時間を大切にしていた。この座禅の体験が、それまでは潜在的でしかなかった祖母の感情的側面を活性化し、その結果、社会的な行動につながったと、祖母は実感していたのである。

「はにかみやの自分」を抑え抑えての「行動」

しかし、もともと内向的ならいてうにとって、外に向かって行動することは決して容易いことではなかった。

「思えばわたしは今日まであどれほど、わたしの中にいるはにかみやとたたかってきたことか。／とりとめもないはずかしさ、きまりわるさ、わたしはまあこの心をどれほど抑え抑えて今日までいやなことを、できないことをあえてしてきたことか。／電話で人をよび出しながら、「お話中」であることを心の中では祈らずにいられないわたしだ。人の玄関に立ってベルを押しながら留守であることを心の中で祈らずにいられないわたしだ。〔中略〕／しかしわたしはこのはにかみをこのうえいじめることはやめよう。いじめて、いじめていじめぬこうと無理な注文を出してはできないことをずいぶんさせてきたけれど。四十年もわたしの中に根を下ろしているものをそんなことで追い出せるわけではなし、かわいそうに。もう決していじめますまい。／わたしというものがそんなはにかみやならはにかみやでそれで結構ではないか。さあわたしは安心してわたしのあの洞窟のような静かな隠れ家にはいりましょう」(4-226~227)

『青鞜』での言動、博史との「共同生活」、新婦人協会での議会工作等々、確かに、社会的な多くの活動を担い、世間の人々を時には驚愕させるような大胆な行動をとったこともあったが、らいてうのもともとの性格の中心は、世間の人々が思うような「度胸のある女」ではなかった。

恋愛を媒介にして生じた「利己主義から利他主義(他愛主義)」への転換は、感情という心理機能の充実を通して起こった。それに伴って社会的発言をせざるを得なくなり、個人で動くだけに止まることは出来なくなり、仲間の「組織」と「団結」を求めて奔走することにもなったのである。そうした動きは、戦後の反戦、反核、平和運動へと引き継がれ、らいてうは終世発言し続け、走り続けた。

しかし、これほどにも外向的な関心を広げ、活動を展開してきてはいても、祖母・らいてうの根本的な性格基盤は、祖母が言う「はにかみや」という特性を決して失うことはなかった。祖母は対人的な過敏さを持ち、内向的で、「孤独と静閑」を求め、一人座禅し、瞑想の時間を欲する人であった。

吉田茂をやり込めるような平塚らいてうは存在しない

右のような祖母・らいてうには、総理大臣は務まらない。総理大臣に平塚らいてうを選んだマスコミの思いとしては、たとえ「バカヤロー」と怒鳴られても、決して動じない、たじろぐことのない図太い女性という姿を期待していたのであろう。祖母は、「バカヤロー」というような乱暴な言辞や脅しに、うろたえたり、動揺したりすることはなかったかもしれない。しかし、祖母は、他者が自分の近くに存在すること自体に圧迫を感じてしまうのであり、面と向かった場面での人とのやりとりには、いつも大きな心理的負担が伴い、緊張が重くのしかかったのである。したがって、声での、言葉での即座のやりとりは難しく、いわゆる〝ディベート〟は苦手としたであろう。筆を通しての「論争」においては、切れ味鋭いやりとりをしてきたとはいえ、人と面と向かっては何も言えなくなってしまう人であった。

すでに書いた通り、らいてうは先ず大きな声が出ない。したがって演説が出来ない。直接〝自分の声〟で己の主張を語れない政治家は、現代ではあり得ない。それでは選挙は全く戦えない。議会における質疑応答や討論もあの小声では難しいだろう。対人場面で緊張しやすいことも手伝って、沢山の人の見守る中でのやりとりでは、祖母の声は余計に出なくなってしまうに違いない。この点だけからしても、政治家としての役割を祖母は全く果たせないと言えよう。

総理大臣吉田茂に対抗するような「婦人党」党首、平塚らいてうが総理大臣になることはあり得ない。吉田茂を尻の下に敷くような「平塚らいてう」は、存在しないのである。

孫の「私」から見た「祖母・らいてう」

祖母・らいてうの性格の基本構造は、生涯変わらなかった、と私には思える。内向的で、内にこもり、静かに一人風の音を聞きながら、瞑想に耽って過ごしたいという思いは、祖母の中に消しがたくあった。その孤独な内省の時間を持つことで初めて、祖母は「自己」を確認し、エネルギーを充填することができたのである。内省の中で、精神を研ぎすまし、注意を集注し、それを粘り強く持続することで、想いは広がり、思想は育ち、主張はまとまる。「静」の祖母の生活である。

しかし、静かにこもる生活の中でも、自身を、家族を、仲間を、社会を丁寧に見つめる外に開いた眼を祖母は忘れなかった。一九五一（昭和二十六）年、六十五歳のらいてうは次のように書いている。「わたくしたちは、いつでも現実を視る鋭い眼と、はるかな未来を見通す長い眼と、心の内側を凝視する、かつて瞬《またたき》をしたことのない深い眼と——この三つの眼をもって生きたいと思います」（7-144）。

それは若い頃から持ち続けていた思いであったに違いない。

三つの眼を通して気がつき、疑問を感じ、考え、見出した問題意識を黙っているわけにはいかなかった。自分が感じ、思ったままを周囲におもねることなく、そのままに表現したい、人に伝え、問いかけ、主張したいとの気持ちも、強く祖母の中に生まれてくる。語る主体としての自己であり、「動」の祖母の生き方である。禅の見性体験以来「動」の面が大きく表に出るようになる。『青鞜』に参加して以後、らいてうは湧き出る思いを文筆を通して広く表現することとなった。

「静」と「動」は、一人の人格の中で葛藤する。祖母は、自分の内の「動」で、「静」を押さえ込もうとする無理をした時期もあった。無理をすれば、緊張は高まり、葛藤し、心的ストレスを増すこととなり、消耗し、疲れ果てるしかなかった。その疲れは頭痛となり、吐き気となって、終世「持病」としてついてまわったと言える。

「静」を保つため、祖母が心に巡らした垣は、高く、厚かった。しかし、垣の中に全くこもりきることはしなかった。「動」の祖母は、その垣に一つの〝窓〟を見つける。筆を介した、垣の外との交信である。人に煩わされない「静閑と孤独」を守る垣の中でも、読むことは出来る、書くことは出来る。書くことで意見を発信することは出来る。交換することは出来る。

世の人は「動」のらいてうに期待し、仲間の集まりへの参加を求める。しかし、祖母にとっては、たとえ思いを同じくする仲間の集まりであっても、やはり人の集まる所へ出ることには怯えが伴い緊張してしまう。ついつい、逃げ腰になる。戦後になって、仲間は時に、組織の要職に就くことをらいてうに要請した。「静」のらいてうはためらうが、「動」のらいてうは発言したくもあり、仲間と行動を共にしたくもあり、葛藤する。葛藤しながらも、黙ってはいられず要請を受ける決断をする。その結果、「日本婦人団体連合会」の会長、「国際民主婦人連盟」の副会長、「世界平和アピール七人委員会」の委員を引き受けることとなった。

しかし、心の中での「静」と「動」のせめぎあいはなくならず、会合に出て仲間と話し合い、自分の思いを主張したい気持ちと、大勢の人と顔を合わせることの圧迫を怖れる思いは、相半ばして心を暗くし、からだを重くする。「大奮発して」（祖母は良くこの言葉を使った）自らを奮い立たせて出かける時もあったが、頭痛がして動き出せないことも多かった。体調不良のため欠席という電話を、母に代理でかけてもらうこともしばしばだった。特に欠席の前後には、それぞれの「会」の事務局の方が、我が家に足を運んで下さり、祖母と確認の話し合いがたびたび持たれた。事務局の方々の大変大きな労力に支えられ、助けられて、はじめて祖母は「会長」「副会長」「委員」の重責をなんとかこなしてきたのであろうと、私は思っている。

一九五三年に戦後最初の天皇皇后両陛下主催の園遊会がもよおされ、そこに「婦人界の功労者」として山田わかと祖母が招待された時も、「そんな晴れがましい場所へわざわざ出てゆきたいという気持になれず、とうとう失礼して欠席」（IV-164）することになった。それは、祖母の幼い時からつづく「はにかみや」と、人嫌いのためであろうと、私は考えている。私には、このような祖母の姿が浮かぶのである。

孫の「私」にとっての「祖母・らいてう」

二歳から十三歳までは同じ屋根の下で生活していたし、それ以後も接点は多いはずなのだが、私と祖母との交流の記憶は意外に乏しい。祖母が社会的活動で忙しく、部屋に閉じこもりがちであったこともあろうが、基本的に内向性が強く、身内に対しても、自分から話しかけることが乏しく、言葉少ない人であったためであろう。自分から孫にちょっかいを出したり、まつわりついてくるということはしない人であった。もちろん、指示したり、干渉したりすることもほとんどなかったのである。

かといって、祖母が私を無視していたとは思えないし、冷たかったというわけでもない。拒否されたり、疎んじられたりしたという覚えはない。私の方から近づいた時には、拒まれることはなかった。かといって、喜びを表情にあらわすわけでもなく、感情表現はいつも控え目だった。祖母はいつも、ひっそりとしていた。空間的には近くにいても、祖母は存在を主張することなく、遠い印象であった。とはいえ、影が薄いというのでもない。祖母は、小さくとも、私の生活圏の中に、いつも一定の距離を置き、一定の位置を占めて一貫して存在していた。

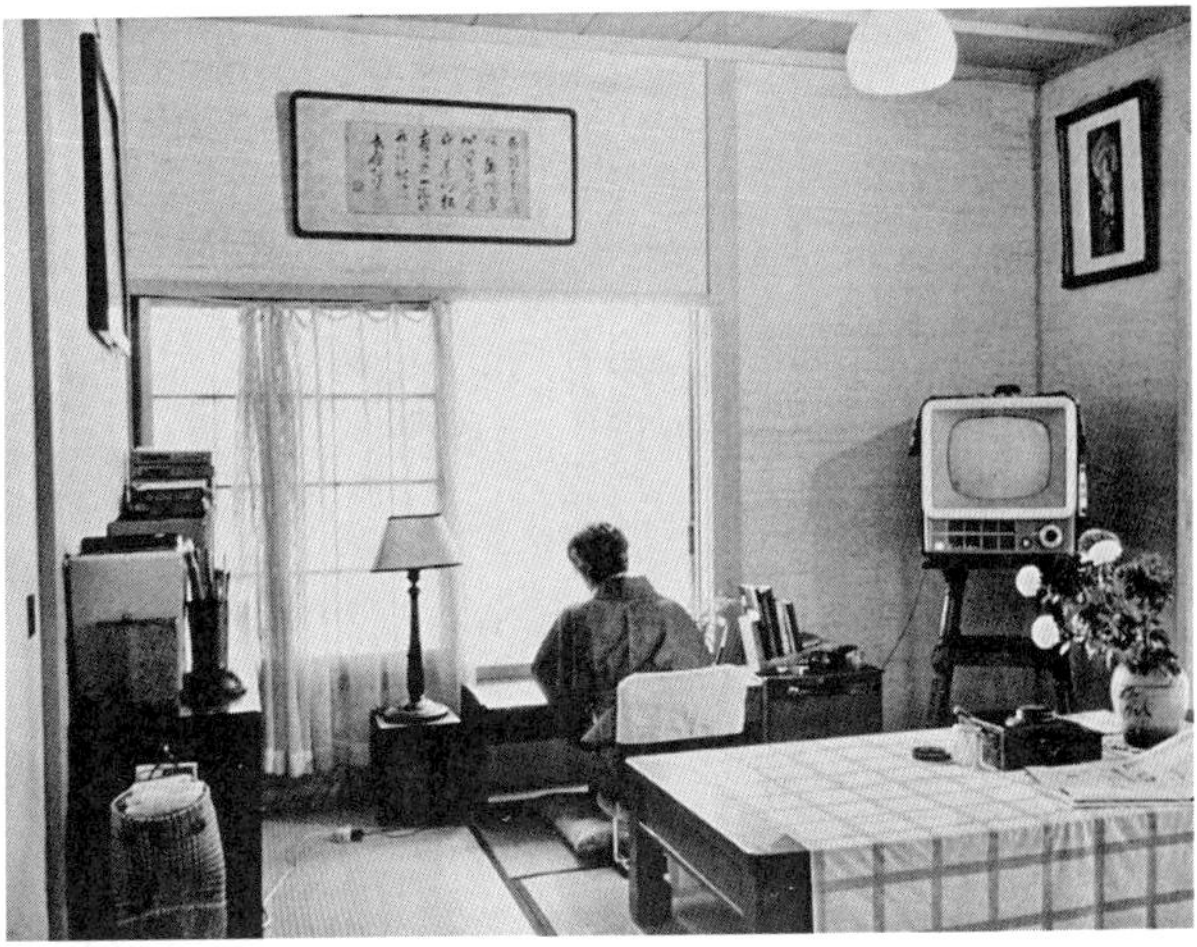
自宅で書き物をする晩年のらいてう

私に対して、お節介はしないが、祖母の心の一部に、小さなものではあっても、私が居る場があることを、私は感じていた。直接働きかけてくることは少なくても、私の存在を心にとめ、穏やかに視線と配慮を送ってくれていたと思うのである。

祖母は「元始、女性は太陽であった」と書いたが、私にとって祖母は、太陽のように、明るく輝き、まばゆい光を発する、大きな影響力を持った存在ではなかった。とはいえ、希薄な、軽い存在とは思えないから不思議である。私が祖母に視線を向ければ、いつも変わらず、安定して、落ち着いた表情の祖母がおり、しっかりした存在感を感じさせてくれるのである。

子供時代は勿論のこと、大学へ入って祖母

の担ってきた活動が、社会的に或る影響力を果たしていることをいくらか知った後も、私は祖母に目を向けることを特別にしたことはなかった。今思い返すと、むしろ、祖母の影響は避けて、全く別の世界に生きようとしていたとも言えよう。しかし、五十歳を過ぎて、ふっと祖母の存在が私の心によみがえり、そちらに目を向けると、祖母は無口で控え目で、穏やかではあるが、濃密な質量を伴った存在として私の中に見えてきたのである。それから、祖母の姿を改めて振り返り、見直すことが私の大切な作業となった。

祖母は、私にとっては、「太陽」のような煌びやかな存在ではない。熱さも感じられない。とはいえ、「蒼白い顔の月」ではもちろんない。むしろ、無言にかすかな光を放ち続ける、小さな星のような存在であった。遠くに在り、その光は小さくしか見えなくとも、自ら光を発し続ける、一つの「恒星」のように私には思えるのである。

自覚的には、祖母が私に大きく影響したとは思っていないのだが、祖母は、私の存在をいつも遠くから見とどけてくれていると、今、私は感じている。

おわりに

小学校三年生の頃だった。成城の町を一人で歩いていた時に、「らいてうさんの所のお子さんでしょ?」と声をかけられた。見ず知らずの小母さんからこんな風な言われ方をして、薄気味悪くなった。中学校の時には社会科の教師が「平塚らいてうの孫が、この学校にいるそうだ。奥村といったかな」と話し出して、教室が大騒ぎになったこともある。

三十代の頃、私の仕事である病院精神医療における臨床心理活動について、学会で報告発表した時、廊下で声をかけられ「平塚らいてうと繋がりがあるんですか?」と聞かれた。否定するわけにもいかず「孫です」と返答した。しかし、肚の中では「私が今日話したことと、それが一体、どう関係すると言うのですか?」と呟いていた。

思いがけない時に、自分が「らいてう」と結びつけられることがしばしば生じた。自分の存在が「らいてう」の影に覆われるようで、イヤだった。鬱陶しかった。

身近に生活しており、その限りで、「おばあちゃん」ではあっても、らいてうとしての祖母は、私には遠い存在であり、それに近づこうとはしなかった。祖母・らいてうを離れて、自分なりの生活を作ることに、私は精一杯だった。

四十代半ばにさしかかる一九八九年から、「小金井むらおく通信」と名づけて、私は友人に一―三ヵ月に一度、職場での体験や、私生活の中で印象に残ったことを、ぽつりぽつりと書き送ってきた。住んでいる小金井市からの、私の生活の報告である。この歳になり、普段接する機会が乏しい友人たちに語りかけたくなったのである。

「通信」に、祖母のことが最初に登場したのは一九九三年だった。小林登美枝さんに、祖母の記念碑を建てる件で相談され、茅ヶ崎の友人を紹介したことがきっかけだった。記念碑を建てようとする人々に触れるなかで、思いもかけないほどの多くの人々が、らいてうに今なお熱い思いを抱き、新鮮な生き生きとした視線を送っていることを知り、びっくりした。既に過ぎ去った「昔の人」と思っていたのだが、そうではなく今も、らいてうが、たくさんの人々の胸の中に生きており、語りかけていることを実感させられたのである。

以来十余年、通勤電車の行き帰りで祖母の著作を読み、らいてうの仕事をたどると同時に、祖母についての思い出を振り返るうちに、祖母について書くことが多くなった。

その記事に目をとめて、かつて編集者だった世田谷区立千歳中学校時代の同級生、鷲巣力氏が「おばあさんについて、まとめてみたら」と声をかけてくれて、この本の企画は始まった。「あなたにしか書けないことがある」という言葉に背中を押され、勇気づけられ、昨年九月以来、祖母のことに「精神集注」して取り組む毎日が始まった。

執筆の過程で、私のあいまいな認識や、杜撰な思考を自覚させられ、大変厳しい体験となったが、改めて祖母と真正面から取り組む作業は、私にとってやりがいのあることであった。祖母に対する考えを整理する貴重な機会となり、私なりに理解する祖母の姿を、ある程度、形作ることが出来たと思っている。

それとともに、疑問もふくらむ。その一つは、祖母と「宗教」との関係である。らいてうは、一九二〇年に、新婦人協会を立ち上げるに際して、十年前の『青鞜』の活動を振り返って「一種の精神（もしくは宗教）運動」と、書いている。『青鞜』に端を発した動きは、社会運動へとつながったと一般には受けとられている。決して「宗教運動」と呼ぶことはできない。しかし、らいてうが、あえてそう呼ぶのはなぜか？

祖母は二十歳で見性して以後、八十歳を過ぎても座禅することを続けた。しかし、祖母にとっての「宗教」は、どうやら「臨済禅」という範疇に収まりきらないようである。我々を取り囲み支える「自然」、その一部である自らの「からだ」、そして精神的な「自己」、そのすべての基盤をなすものとして、らいてうなりの「宗教」があり、「神」がある。この全体を把握することは、私の手には負いきれない難題として残っている。

また、今一つは、太平洋戦争をはさんだ一九四一年から四八年にかけて、らいてうがほとんど執筆しなくなった期間を、どう捉えたらよいのか？　その間、祖母の心にはどのような思いがあったのか？　後年、祖母自身がこの時期をどう考え、整理していたのか？　これも大きな疑問として残っている。

大学からの友人、佐藤徹・晔夫妻は、毎月一章ずつまとめる私の原稿を丹念に読み込み、コメントしてくれるとともに、一貫して私を力づけてくれた。鷲巣力氏は、的確な論評と、問題点の指摘を通して、私の思考をより明確にすることを助けてくれた。

平凡社新書の松井純編集長は、祖母について私が書きまとめることの価値を認めてくれ、水野良美編集員は、私の執筆を励まし、たどたどしい原稿に目を配り、種々教えてくれた。

妻・洋と娘・ともは、うめきながら書く私を見守り、最初の読者となってくれた。

その他、資料を提供してくださった方々を含め、多くの皆さんのお力を得て、何とか一冊をまとめることが出来ました。深く感謝します。

今回の私の作業が、公人・平塚らいてうと、私人・奥村明を含めた、全体としての祖母の姿のより一層の理解につながることを願っております。

『青鞜』創刊一〇〇年目、二〇一一年の初夏に

奥村直史

〔増補〕平塚らいてうと「十五年戦争」

一九三〇年代の動揺を超えて

はじめに

平凡社新書『平塚らいてう――孫が語る素顔』の「おわりに」には次のように書かれている。

らいてうなりの「宗教」があり、「神」がある。この全体を把握することは〔中略〕難題として残っている。／また、今一つは、太平洋戦争をはさんだ一九四一年から四八年にかけて、らいてうがほとんど執筆しなくなった期間を、どう捉えたらよいのか？〔中略〕これも大きな疑問として残っている。

この問いへの回答を以下に試みたい。そのためには、らいてうの生活史全体の精神的な流れをたどり直すことが必要である。「十五年戦争」という苛酷な時代をらいてうはどのように過ごし、越えていったかを跡づけることとなる。

らいてうの宗教的自己認識――「分霊《わけみたま》」としての自分

日米開戦（一九四一〔昭和十六〕年十二月八日）の三ヶ月後、一九四二年三月に、らいてうは茨城県戸田井へ疎開する。以後、ほとんど全く原稿を書かなくなる。「著作目録」（らいてう研究会編『わたくしは永遠に失望しない――写真集平塚らいてう 人と生涯』ドメス出版、二〇一一年）によると、疎開前は毎年十数編から、時に、短い新聞投稿も含めると三十編以上の原稿を書いてきたらいてうだったが、戸田井にいた五年間はわずか七編を書くだけであった（一五八頁参照）。敗戦をはさんで五年の沈黙の後、一九四七年、六十一歳の時、戦後二番目に書いた「あなた自身を知れ」（7-18）で、らいてうは二十歳の時の見性体験に触れている。それ以後、文筆活動を再開する。

らいてうはそこで「神の分霊《わけみたま》が宿」る自分、という見方・考え方を書いている。「人間も草木や昆虫や鳥獣などと同じように、この宇宙に遍満して生きとし生けるものを生み育てている大きな『いのち』の力によって、生み出されたものだということは否めません」「宗教者は〔中略〕この大きな『いのち』の力を神様とよび、人間は神様が創造りたもうたものだ〔中略〕と申していますが、それはご存知でしょう」（7-19）と記す。これは見性体験から得た認識だったに違いない。

こうした自己認識・世界認識が、生涯、らいてうの中核をなしていると、筆者は最近思い至った。しかし、正直言って、ごく最近まで、この文章をどのように受け取ったらよいのか大いに戸惑いがあったのである。

「分霊としての自己」などという考え方は、宗教的・神秘的・観念的な思い込みであり、論理性に乏しく理性的・客観的な科学的事実としてはとても受け容れられないと思わざるを得なかったのである。しかし、最近の遺伝生物学的な認識とも、根本的な考え方においては違いがないのではないか、と考えるようになった。人間である私は、父と母の遺伝子の一部を受け継いだ存在であり、さかのぼれば、そのつながりは人類の初めにつながり、もっとさかのぼれば生命の発生した三十八億年前につながっている。「生命誕生以来DNAは順次あらゆる生命体に受けつがれ現在に至っている」(中村桂子『いのち愛づる生命誌』藤原書店、二〇一七年)という科学的認識は、らいてうの言う「生き通し」の「いのち」(7-20)という考え方と根本では矛盾しないのではないかということに思い至ったのである(詳しくは、奥村直史「平塚らいてうと「アニミズム」」『平塚らいてうの会紀要』十一号、二〇一八年、以下『紀要』と略記)。

らいてうは「大きないのちの流れが内にも外にもいっぱいに満ちあふれて内も外も一つにとけ合っているのが本来の人間のすがた」という自己認識を八十五歳の死ぬ間際の病床において

も小林登美枝に話し、「私は唯心論だから」と語っているのである（小林登美枝『陽のかがやき――平塚らいてう・その戦後』新日本出版社、一九九四年）。

『平塚らいてう著作集』（大月書店、一九八三―八四年、以下『著作集』と略記）は全部で七巻だが、直接こうした考え方を正面にすえて書かれたのは「あなた自身を知れ」この文章だけである。しかし、その気で探し直してみれば、その他のらいてうの諸論文の中に、こうした宗教的認識が断片的に触れられているところは多数発見できる。女性解放の運動家というイメージが社会的には優先して、今まで、こうしたらいてうの宗教的な認識については、読み飛ばされ、注目されてこなかったようである（らいてうの宗教的生活は、仏教の枠を大きく外れており独特である。詳細は、奥村直史「平塚らいてうと「十五年戦争」」『紀要』六号、二〇一三年、六―九頁）。

坐禅での見性体験を通して得た「神の分霊としての自己」といういきわめて宗教的な自己認識を「生活の出発点で、そして根となるもの」（7-22）としてらいてうは生きてきたが、らいてうのアイデンティティは「宗教家」ではなかった。〈時代〉や〈地域〉を超えた宗教的世界観や自己認識を柱に、らいてうは生きてきたけれども、それを直接人に語ろうとはしなかった。「分霊」という観念的な認識を広めることがしたかったわけではなかった。

らいてうがしようとしたこと、したかったことは、〈今〉〈ここ〉で、具体的・現実的な社会生活において十全に生きることだった。そこに焦点が当てられていた。「神の分霊」という自己認識を基にして自分らしい「真正の人」として、自分の可能性を発揮したかった、ここにらいてうのアイデンティティの中核があったのである。

しかし、具体的・実際的な生活体験においては、〈時代〉や〈地域〉のもっている社会的「枠組み」の締めつけや束縛があり、それらが自分らしく生きようとするらいてうを阻み「障害」として体験されることしばしばだった。それを、あくまで諦めずに、次々に言葉にして訴えてきた、その変革を求めた文章・意見表明が平塚らいてうの著述となった。らいてうの社会的活動となった。そう言えるであろう。

「元始、女性は実に太陽であった。真正の人であった」と二十五歳のらいてうは書く。「元始」というのは、時代を超えた悠久の時間的射程を有する広がりをもつ。「太陽」というのは単なる比喩として言っただけでなく、らいてうにとっては、太陽や月を含めて、自然は、生物、無生物を含めて、ひと続きをなしているという認識につながっている。すでにここに、〈時代〉や〈地域〉に囚われ拘束されることのない、「神の分霊」として「真正の人」として生きたいという意志が示されていると言えよう。こうした考え方、感じ方が『青鞜』を発端とした種々の活動を生み出し、社会的波紋を展開させることとなった。らいてうの心の根底には「神の分霊」という宗教的な自己認識・世界認識が存在していたのである（奥村直史「らいてうの自己認識・世界認識」『紀要』十二号、二〇一九年）。

らいてうのアイデンティティの軌跡

一九三一（昭和六）年からの「十五年戦争」をらいてうがどのように過ごしたかを見る前に、それ以前の心の軌跡を「アイデンティティの変遷」として、ごく簡単に振り返っておきたい。

アイデンティティの核

らいてうの父・平塚定二郎は、家父長制度がなお色濃い明治時代においては、大いに開かれた家長であった。当時としては比較的自由な子ども時代を過ごしたと思われるが、それでもらいてうは後年「わたくし自身の子供時代の経験――絶え間のない周囲の干渉からくる圧迫に悩まされていた子供時代の憂鬱な心」（4-56）を振り返っている。そして「魂の自由を、自己解放を、なかば無意識に、本能的に、哲学に、宗教に求め」（7-182）たと女子大時代を思い返している。

「自分とは何か？」を問い「十九から二十へかけていわゆる人生問題、信仰問題で滅茶苦茶《めちゃくちゃ》に悩み」（6-20）ぬいたらいてうは、臨済宗の寺・両忘庵へ参禅し、与えられた公案「父母未生以前の自己本来の面目」に取り組む。一年余りの厳しい禅の修行の末、見性を許されたが、その体験を、らいてうは『平塚らいてう自伝』（大月書店、一九九二年、以下『自伝』と略記）で「これはわたくしにとっては、まさしく第二の誕生でした。〔中略〕この誕生は、わたくし自身の努力による、内観を通して、意識の最下層の深みから生れ出た真実の自分、本当の自分なのでした」（I-210）と書いている。「分霊としての自己」の発見である。この時の見性体験に基づく自己の再発見が、らいてうのアイデンティティの核となったと言えよう。

一九一一年「個としての自己」

見性を通して、観念的には「本当の自分」を発見したとはいえ、女子大卒業後もなお自分が社会的に担うべき役割を捉えきれず、いくつかの学校へ通い、英語や漢文の勉強をする「学生」というモラトリアムな立場を続けていたが、『青鞜』創刊に関わり、らいてうは「元始、女性は太陽であった」という一文を書く。『青鞜』発刊の社会的影響は大きく、『青鞜』編集部にぞくぞくと寄せられる若い女性たちからの反響を目にして「自分が担わねばならない責任の重さに、ひきしまってゆく思い」（I-355）を体験する。以後らいてうは『青鞜』の編集、執筆を自分の「仕事」と思い定め、主体的・積極的に関わることとなる。後に振り返ってらいてうは、「青鞜運動」は「かつてあれほどののしられ、あざけられ、憎まれ、嫌われ、また一部からおそれられ」（7-393）もしたが、それは「隷属からぬけでて真の自分を発見すること、そして独立した自由な自分自身の新しい生活を築くこと、当時の言葉をつかえば自己発揮の要求であり、自己実現であり、自己完成への願望であった」（7-423）と表現している。「青鞜運動」を主体的に担ったらいてうのアイデンティティはあくまで「個としての自己」であった。

一九二〇年「母性としての自己」

『青鞜』発刊は一九一一（明治四十四）年である。それから十年、一九二〇（大正九）年に、らいてうは新婦人協会を起ち上げ、その機関誌『女性同盟』の創刊の辞「社会改造に対する婦人の使命」（3-165）において「婦人が男子と異なる点においてすなわち女性である点において認められ、尊敬されたのでない限り、やはり婦人は永久に本当の意味では無視され侮辱されているよりほかありません」（3-164）と書く。そこで主張されたのは「母性としての自己」であり、それはもはや「個人」ではなく、共同生活者としての夫と子どもを含めたアイデンティティであった。二度の出産を体験することで、次の世代の「いのち」とつながる女としての自己をらいてうは「からだ」を通して実感したのである。

一九二四（大正十三）年、三十八歳のらいてうは、「職業婦人（ないし労働婦人）」が「非人情な資本主義制度のもとに〔中略〕社会的奴隷」とされている状況を指摘し、批判し書いている。「現代女性」は「宇宙の大生命と直接通じているその母性を日に日に失いつつある」が、「旧時代の女性の生活は〔中略〕彼女たちの心霊は、恋愛と母性を通じて大宇宙の生命である底知れぬ泉に達していた。〔中略〕何故《なにゆえ》ならそこで彼女はもう個人的存在を超越しているから、彼女は種族であり、神であるから」（4-47）母性を通じて生命の泉に達する女性は神である——という表現は、単なる比喩というよりも、らいてうにとっては身体的実感であったに違いない。

「いのち」の分霊としての自分と、娘、息子という「いのち」を生み出す性＝女としての自分、この二つはリンクし、相乗してらいてうの中で「母性」というものの根源的な意味を実感させ、宗教的であるとともに具体的な生活に根ざした自己像を確信させたと言えよう。

「いのち」の実感に伴い、思いは広がって、らいてうは第一次世界大戦後「生命の尊重者であり、平和の熱愛者である婦人は国際連盟の健全なる成長発達の上に、世界平和の完成」（3-229）を訴えることとなる。さらにまた「私どもはある定められたる国の国民であるとともに、常に世界民であり、宇宙民であります。世界民であり、宇宙民である私どもは、地上の全人類が相愛相助の共同生活を営むことを望み、またそういう生活を営みうるところの世界の制度組織を望んでいます」（3-239）と主張しないではいられなかった。

「いのち」をつかさどる性＝母性を媒介にして、らいてうは無限に広がる視野に目をこらすこととなった。その射程は、たまたま一つの時代に作られた人為的な地理的境界＝国境を易々とはるかに越えたのである。

一九三〇年「階級としての自己」

一九三〇（昭和五）年にらいてうは高群逸枝の主宰する無産婦人芸術連盟の機関誌『婦人戦線』に書く。

「現在のこの資本主義――少数資本家が多数労働者を搾取し、富を独占し、多数者を永久の貧困に陥れるこの経済組織そのものの根本的建て直しを女性の立場から、同時に階級の立場から要求しないではいられなくなってきました。〔中略〕階級意識の上に立ってはいても、争闘によらずもっぱら女性の掌中にある最も日常卑近な台所の消費生活を相互扶助の精神により協同の基礎の上に建て直すというまことに平和な、それでいて最も具体的な、実践的な手段、方法を通じて、資本主義組織を確実、有効に切り崩しつつ同時に協同自治の新社会を建設していくこの運動こそ女性の生活と心情とに最も相応した〔中略〕運動である、と思われるのでした」(5-179~180)

こうした思いを固め、らいてうは実際に消費組合運動を進めていく。当時住んでいた東京都世田谷区成城の地に、一九二九（昭和四）年に消費組合「我等の家」を作り、一九三八年まで、十年にわたって組合長として自ら運営に携わっていく。

「二十年前、人間としての個人的自覚に出発したこの国の婦人は、女性としての、さらに無産階級者としての社会的自覚に到達し、新しき自治社会の建設へ、新しき母性文化の創造へと躍進すべく今また新たに起ち上がったのです」(5-182)。こう宣言するらいてうには「地域生活者・無産階級としての自己」というアイデンティティが形づくられている。

一九一一(明治四十四)年『青鞜』における「個としての自己」、次いで一九二〇(大正九)年『女性同盟』における「母性としての自己」、さらに一九三〇(昭和五)年『婦人戦線』における「階級としての自己」という成長・変化の流れからは、「自己」という姿を次第に拡大させながら十年毎にアイデンティティを組み替え、建て直すらいてうの心の軌跡を見て取ることができる。「女性としての自己発揮、自己実現」を希求して始まった青鞜運動以来、らいてうは恋愛、出産、育児という、人生の節目毎に出会う新たな生活体験を通して、一直線に「自己完成」を目指して進み、活動し、生活してきた。それに伴い、その時々に自分の思想を広げ、固めて、それを率直に発言し、社会に問いかけてきた。

一九四〇年における、らいてうの姿勢

それでは、さらに十年後、一九四〇(昭和十五)年のらいてうは、どのように発言するのだろうか。第二次近衛文麿内閣の成立直後、一九四〇年八月の雑誌『女性展望』に載った「新政治体制と婦人――近衛公の新政治体制に対して婦人としての要求」という欄において、編集者

の求めに応じてらいてうは次のように書いている。

一、新体制を裏づける日本民族の新しい大きな夢を、理想を、使命を全国民の心にできるだけ正確に、明瞭に、このさい示して下さい。
一、これによって民族の新しい行動の目標、向かうべき方向をはっきりとできるだけ具体的に決定し、明示して下さい。
一、この一途に国民の総力を結集するための新体制、新組織に、国民の半数であり、しかも民族を創成し、育成する女性を除外することはできないはずです。どうしたら婦人の力を充分参加させうるか、この点とくに考慮して下さい。（6-329）

ほんの短いコメントではあるが、この「示して下さい」という言葉に見られる姿勢は、十年前までのらいてうの発言姿勢とは大きく異なっていると言わねばならない。ここでいう「日本民族の新しい大きな夢」とは、誰が描く夢なのであろうか？　それがまず問題である。少なくともらいてうが主体的に描く自分の「夢」ではない。自分の夢なら、人に聞くまでもない、それは己の心に自ずと湧き上がり形づくられてくるはずである。「日本民族の新しい夢」と一体化しきれないらいてうがここには見える。自分の思いに成りきらない、近衛首相の描く日本民族の「夢」を、何とか自分に納得させようとする不自然な姿勢がそこには見える。その葛藤を何とか解消すべく、依存的、受動的に他者・近衛文麿首相に「示して下さい」と頼んでいるのである。

「元始、女性は太陽であった」と叫び、自分の外から来る光ではなく、自らの内から発する光によって輝く自己を何よりも大切にしてきたのが、らいてうという人であった。それまで、自らの足で立ち、自ら選び、自分で進むべき道を自主的、能動的に決定することにあくまでこだわってきたらいてうは、他の誰かに「示して下さい」という言い方は決してしてこなかった。

一九二三（大正十二）年には「どこまでも自分の眼でものを視、自分の心でものを感じなければいけない」（4-147）と書いている。多少文脈が違うとはいえ、一九一三（大正二）年には伊藤野枝に対して「いやしくも自覚した女なら、私はもうどうしていいか分かりませんだの、自分自身のことを判断してくれの、解決してくれのと頼んだり、訴えたりするようなことは自分に対して恥かしくてできないはずだと思う」（1-246）と言い放ったらいてうであった。

「示して下さい」という言い方は、自分の足場をはっきり確認できず、他に頼り、寄りかかろうとする依存的な受け身の姿勢をはらんでいる。その背後にはらいてうの困惑と迷いと葛藤が漂っていると言わねばならない。

時は第二次近衛内閣誕生の時であり、「大東亜新秩序建設」（大東亜共栄圏）を国是とする「基本国策要綱」が閣議決定され、その後「大政翼賛会」の結成へと時代は進んでいく。
ここに至るまでには、一九三一（昭和六）年の満州事変、翌三二年の五・一五事件、満州国独立、国際連盟脱退、三五年の「天皇機関説」批判、三六年の二・二六事件、三七年の盧溝橋事件、三八年の国家総動員法成立等々の出来事が重なる「十五年戦争」最中という時代状況であった。

らいてうの姿勢の変化——一九四〇年に向けて

格段の違いを見せる一九三〇年から四〇年にかけてのらいてうの発言姿勢の変化をたどってみたい。その経過において、特に「中国」「祖先」「天皇」に対する関係の取り方、立ち位置の置き方に、らいてうの姿勢の変化が現れてくる。以下、少しさかのぼって一九二八年から経年的に確認して、らいてうの社会的意見表明の変遷をたどろうと思う。

一九二八（昭和三）年

「汎太平洋婦人会議」についてらいてうは述べる。「資本家階級の帝国主義的対支政策に絶対反対の日本の民衆と婦人の意向を明らかに表示し、四億の支那民衆の解放のため世界平和のため、支那の平和統一に、国民政府の確立に、日支婦人はもちろん、その他の参加国婦人も協力することに最善の努力を惜しまれないであろうことを望みます」(5-70)

また、同年「対支問題と婦人界」(5-74)なる一文において、日本の「現政府の対支外交は」「打倒帝国主義の支那全民衆の革命的要望に反し、統一的国家建設の大勢に逆行」するものと分析し、「隣邦民族のあの熱烈、真剣な解放運動のため、国際平和の維持のために」起つべきだと、明快に政治状況を分析・把握して現政府の外交方針をしっかりと批判している。

一九二九(昭和四)年

「救護法」に関連して、天皇陛下が即位に際して「賑恤費《しんじゅつひ》」(負傷した兵士に給付される恩給)をふるまった「大御心」と対比させながら、労働者災害扶助、健康保険、母性乳児保健等に、ほんのわずかしか予算を計上しない現政府を批判する。現政府の社会政策が至らないなかで「失業自殺、親子心中」が頻発する社会状況について「大御心の前に為政家よ、資本家よ恐懼《きょうく》せよ、慙死せよと私の心はおのずからに叫ぶのでした」(5-91)と訴える。「天皇陛下」がらいてうの『著作集』に登場するのはこれが初めてである。政治をつかさどる「為政家」と、経済を牛耳る「資本家」への批判、怒りを述べるにあたって「大御心」は別にあると強調する文章である。

一九三〇（昭和五）年

この年に書いた「婦人戦線に参加して」において、らいてうは無産階級者としての自分を確認し、現存する資本家が労働者を搾取する「経済組織そのものの根本的建て直し」を目指して「協同自治の新社会」の建設を力強く主張したことは、すでに見てきた。さらに「本能としての協同心の発展」（5-227）において「近代において人類は三つの大きな発見をした、その第一は個人の発見であり、第二は階級の発見であり、第三は協同社会の発見である」（5-229）と考えを整理している。

ここには、現状の社会情勢を自分なりの足場を基に検討し、社会的矛盾を見極め、その改善のために為政者、権力者をも率直に批判する、歯切れの良い論を展開するらいてうが見える。国家権力に呑み込まれることなく、それとは距離を置いた自分自身独自の足場に立って現政治状況を評価・批判する眼をらいてうはもっていた。

一九三一（昭和六）年

九月十八日柳条湖事件（満州事変）が勃発する。十一月十八日付で『東京朝日新聞』は「婦人の立場から満州事変を観る」と題する特集を組む。らいてうは「人類的立場で婦人は観よ

――無自覚からさめて」と、いかめしい表題で登場するが、文体からして直筆原稿ではなく聞き書きと思われる。最初に「満州事変に関して婦人界は、ひっそりとして、まるで傍観的態度」「困った空気」だと他者を評する。「この悲しいできごと」とらいてうは語っており、決して事変を肯定的に捉えてはいない。「抽象的な平和運動ではなく」「共存共栄」「大きな人類的立場から、何かすることは無いものか」といくらか漠然としてはいるものの平和への希望を語る。しかし、満州での日本軍の戦闘を支持しているのではないが、どうも歯切れが悪い。さらに「何《ど》うしても日本民族が生存する上に、満蒙がなくてはならぬものである以上、正義にかなった主張を立派に全世界に対して出来るはずだ」と続く。満州に日本軍が展開することに対して、片方で「平和運動」「人類的立場」と言い〈反対〉の姿勢を示すが、一方で「正義にかなった主張ができるはず」と〈是認〉と取れる姿勢も示している。らいてうの立ち位置は曖昧である。高良留美子氏は、この時のらいてうの満州事変に対する発言を「「正義にかなった主張」を求める反対論だが、満蒙の日本にとっての必要性を認めてしまう弱さがある」(『樋口一葉と女性作家――志・行動・愛』翰林書房、二〇一三年、一三七頁)と評している。

十二月二十七日付『都新聞』に、らいてうは「満州事変と婦人たちの態度」を投稿する。そこでらいてうは満州における軍事行動に対する女性諸団体の対応を批判する。「自由主義的な立場にあるものも、共産主義的乃至は社会主義的立場にあるものも、基督教的」立場にある婦人団体も「武力行動を否定」する動きが乏しいと訴える。そして「何故言えない」「何が彼女たちを沈黙させるのか？」と疑問を呈する。さらに「矛盾、懐疑、不安、混迷、これらのものが彼女等に重苦しい沈黙をよぎなくさせている」として「現実に対する認識に基づいて、自分たちの思想を再吟味、再検討した時、そうした国際的の或いは階級的の任務と国民的の任務との間の矛盾を克服した時、満蒙問題に対する婦人の具体性を持つ力強い声が初めて聞かれるのではないか。／婦人界のこの沈黙よ、意義あれ！」と最後をしめくくっている。

満蒙での日本軍の展開に反対する知識婦人諸団体の動きが乏しいことを批判する全体の論調である。しかし、らいてう自身の満州事変に対する判断、意見は今ひとつ明確には示されず、他者・他団体を評論する立場にとどまっている。らいてうは自身の立ち位置をはっきりさせずにおり、自分の意見をまとめきれないでいる。三年前の「汎太平洋婦人会議」「対支問題と婦人界」や、前年の「婦人戦線に参加して」において、社会状況に対してきっぱりと判断し、明確な意見を表明していたらいてうとは違っている。満州事変をどのように捉えるかにあたってらいてうに迷いが生じている。

一九三二（昭和七）年

らいてうの言説に登場する新たな視点は「先祖」との関係であり、血のつながりについてである。「祖先を語る」(5-316)は「わたしほど祖先というものを考えたことのなかったものはおよそあるまい」という書き出しから始まっている。

「わたし自身があまりに個人主義者であった〔中略〕先祖崇拝、家族制度、これらのものに反抗して起った二十だいのわたしはむろんのこと、三十だいも、いいえ四十だい最近までもどうやら祖先などはなしに自分というものが単独でこの世の中にとび出してきたもののような気持で生きとおしてきた。／しかし今日のわたしの心はいつからということなしに祖先へ向けられてきた。朝夕神とともに祖霊を拝むこともしごく自然な心からできてきた。祖先は我の過去であり、我は祖先の延長である」こうした叙述の後、らいてうは家の「系譜」をひもとき『大日本史』を開いて鎌倉時代以来の平塚の血筋を調べている。

これと前後して、同じ年に「娘に恋を打ち明けられた時」「娘の結婚について」をらいてうは書く。娘・曙生《あけみ》が十七歳、母・らいてうは四十六歳となる時であった。自分が父に反抗しはじめた頃の年となる娘を見るにつけ、父母との関係、つながりを振り返り、らいてうの考えは時代をさかのぼって祖先へと広がることとなった。

らいてうが宗教的な生活を大変重んずる人であることはすでに書いたが、ここに「祖霊を拝むこともしごく自然な心から出来てきた」とあることは注目される。同じくこの年書かれた「死ということ」において「今なお永生を信じ心霊の不滅を疑うことのできない私」(5-315)

と述べるらいてうにとっては、「祖霊を拝む」ことは、祖霊との対話であり交流であったに違いない。それはきわめて原初的な宗教体験に通ずるものであったと言ってよい。相互扶助に基づく協同自治社会の建設を目指して、消費組合「我等の家」の実際的活動を担いながら、一方できわめて内省的な心霊世界にひたり、祖先と一体化しようとするらいてうが、この時、あったのである。

一九三三（昭和八）年

らいてうは共産党の男性幹部が女性党員に「エロサービスによって相手から多額の金額を巻き上げ、党の資金に提供させ」（5-326）たとする新聞報道を目にして、共産党の在り方に憤慨し、抗議している。

新聞報道が、必ずしも事実を伝えるものではないことを、らいてうは自身の関わった出来事の報道のされ方で、さんざ体験しわかっているはずであるにもかかわらず、警察当局が流す情報をそのまま鵜呑みにする新聞記事を「事実」と受け取って書いている。もともと、共産主義思想が生産者本位の考え方であり、モノの生産だけで考えるならば男性本位にならざるを得ないとして、共産主義思想における母性の認識に対してらいてうが不満・批判をもっていたことが背景にはあったと思われる。

『著作集』五巻の米田佐代子氏の解説によれば、らいてうの遺品に残された、この問題について書かれた『婦人公論』の切り抜きには「かなりの部分にわたってペンで抹殺した跡」(5-419) があったという。後日、自己の発言に大きな落ち度があったことを悟り、らいてうが大いに後悔していたことが推察される。しかし、この時期らいてうが、報道が国家権力による制約をいかほど受けているか、歪んだ情報が流布されているかを見抜けなくなりつつあったことは否めない。らいてうの足場が権力報道によって揺さぶられ巻き込まれていたことを、この出来事は示している。

すでに見たとおり、一九三〇年までのらいてうは、かなり醒めた目で社会情勢を見極め、批判する鋭い眼をそなえ、国家の施策にも批判的発言を発していた。しかし、満州事変の生じた一九三一(昭和六)年頃から、社会問題に関する批判的視線が曖昧になり、書くものは、比較的内向きの視点に傾く様子が見られる。日中間に武力衝突が生じたことを、どう判断していいか判じかねたのか、口ごもるらいてうであった。「非常時」における国家の情報統制、操作に、この時らいてうの視野が曇らされていたことは否定できない。

一九三四(昭和九)年

『読売新聞』における「本議会に何を期待するか」との質問に、らいてうは答えている。「まず気づいたことは、いつの間にか議会というものにほとんど何の期待ももたなくなっていた自分についてである。〔中略〕今日の日本の政党がいわゆる非常時局のために、事実上政党としての機能を失い〔中略〕国民大衆の政党に対する信用は〔中略〕地に墜ちた」（5-367）と書きはじめるらいてうの筆に勢いはなく、なかば諦めの思いが漂っている。以前のような集注力を伴った引き締まった筆の運びは、ここには見えない。それでも〝これだけは言わなくては〟と重い心を何とか奮い立たせて「空前の大予算で、しかもその半分近くが国防費〔中略〕そのため財政の破綻、国民生活の不安窮乏など、国内的の破綻を来すような惧《おそ》れは決してないものか〔中略〕婦人側は軍事費の激増には不安を抱く」（5-368~369）と国防費に傾く予算を組む国の姿勢に対して遠慮がちながら何とか問いかけようとする姿勢は示している。

高良氏は「らいてうの平和主義への監視の眼差しは健在だが「政党があってないに等しい」現状への無力感が漂っている」（前掲書、一四〇頁）と評している。

歯切れ良く、言いたいことは勇気をもってキッパリと発言してきたらいてうのそれまでの論調は影を潜めている。文字の背景には、らいてうの納得しがたい思いがたゆたい、批判的な空気が漂う気配は感じられるが、表現は曖昧であり、なまくらで不明確となっている。当時の政治状況の中では、言論統制はなはだしく、思いをそのままに表現することは難しく、発言を抑制せざるを得なかった事情もあったに違いない。しかし、らいてう本人の心の中で、国家権力との関係における自己の立ち位置が不明確になりつつあり、動揺が生じていたことも否めないと言えよう。

一九三五(昭和十)年

この年「天皇」に言及した文章が二つある。一つは「公正なるべき選挙が公正に行われていない」(6-52)現状を批判するに際して、「明治天皇」が「立憲政治御採用の大御心《おおみこころ》」を示されたのは「臣民を信頼されて、参政権をお与えになった」からであるとまず言う。「それだのに国民はその聖旨に反し、選挙権の行使を誤」っている現状を指摘して、「深く悔い改めて、協力して選挙粛正」(6-54)することをらいてうは主張する。いま一つは、陸軍の大佐が「割腹自殺」した報道の「重苦しい、暗鬱」さを言い、「軍人の生命は天皇陛下に皇国に捧げたものだからいっそう大切にすべき」(6-65~66)と語っている。天皇に特段の権威を置く当時の空気を取り容れた発言である。

天皇の「大御心」は是とするも、現状の政治社会状況を非として批判する、両者を分けて別物として考える姿勢がここには見える。

一九三六(昭和十一)年

年の初めは「眼と力を内へ――三六年の女性への待望」（6-87）という文章から始まっている。「三五年が非常時の継続なら三六年もまた非常時の継続です」という、この時の重苦しい空気から書き出している。次いで「今年の予算」の「四割七分までが軍事予算」で占められ「私たち国民の生活を直接利するために消費される金は残りの五割二分にすぎない」と予算の組み方を批判する。「国防の充実が刻下の急務とされ」て「社会政策的諸施設等々もやむをえず犠牲にされてしまいます」と現状を批判的に確認する。続いて「満州事変以来の日本の国家的冒険、その画期的飛躍、外側から見れば国運の発展はたしかに目ざましいものでありますが、それだけ他面、国内的には無理があり、そこにはいろいろな弱味や欠陥がある」と書く。一九二八年に「帝国主義的対支政策に絶対反対」と書いたらいてうだったが、ここでは満州での軍隊の展開を、国運の飛躍、発展と、肯定的な評価を示している。そして、そのために軍事予算に傾くことも仕方がないとする思いと、納得しがたい思いを、どっちつかずに並べている。高良氏は「軍国主義にたいして、慎重な表現の中にも抵抗を示している」（前掲書、一四〇頁）と評しているが、らいてうの発言が、あちらにも、こちらにも、たゆたい動いている様子は否めない。

一九三六（昭和十一）年二月から六月にかけて、らいてうは『読売新聞』に「女の立場から」と題したコラムを十六回にわたって掲載している。表題は「孤独か、再婚か」「継母への偏見」「砧村に住みて」等々であり、時々の思いのままにらいてうが自主的にテーマを選び書いたものと思われる。その中で、五月七日に「女性の感激」と題して次のように書いていることは注目される。

「異例の勅語を拝して、恐懼《きょうく》、泣涕《きゅうてい》、我知らず無我の清浄心に帰って庶政《しょせい》一新、ひたすら聖明に奉答せんとの決意において一致したということは、〔中略〕女性においても、その感激の度合いは少しも変わりないところです。／こういう現人神にまします天皇を戴き、万民の心が、常に天皇を中心として、いつ、いかなる場合にも、立ちどころに天皇に帰一し奉ることのできる国に生まれ合わせた幸福を世界に現存する他の国々と比較して、今度のような機会には、ことさら深く心にしみて感じます」(6-123)

それまで数年続いたどっちつかずの曖昧な表現にくらべて「現人神」「天皇に帰一し奉る」と言い切る言葉は、当時世間でしばしば使われた常套的表現とも言えようが、勢いが込められている。この記事に先立つ二月に「二・二六事件」が起こっている。五月四日に第六十九帝国議会の開会にあたっての天皇の勅語には、特に「今次東京に起これる事件は朕か憾《うらみ》とする処なり我か忠良なる臣民朝野和協文武一致力を國運の進暢に効さむことを期せよ」との発言がなされた。この言葉にらいてうはいたく「感激」しているのである。

何千人もの兵士が動いた事件であった。それが内乱となり、国が割れて内戦を来たし、東京が戦場と化すかもしれぬ危機を、らいてうは感じていたのであろう。それを、何とか避けて、一つにまとまることができたことにほっとするとともに、「臣民朝野和協文武一致」して取り組むことを求める天皇の意向にらいてうは大いに心を動かされたのである。国内の争いを収める天皇に「現人神」をらいてうは感じていたと言えよう。今日から考えれば、当時、天皇と政治権力は一体をなして相互補完的に機能していたのであろう。しかし、らいてうはここで天皇と政治権力とを別物として受け取ろうとしているようである。現政治権力の不備を正す天皇にらいてうは「感激」しているのである。

しかし、同じ年にらいてうはこうも書いている。「結婚と離婚の自由があって、母性の自由のない性関係は、男子はともかく、婦人をついに満足させることはできないでしょう。〔中略〕ソビエト・ロシアの法律が、結婚の自由と同時に離婚の自由を認め、〔中略〕女性と子供の保護に努めた、あの意図は正しい」(6-113~114)。日本における家族制度をキッパリと批判するとともに、天皇制を絶対とする当時の日本においては、決して相容れないものとして弾圧激しかった共産主義の国ソビエト・ロシアの法制度を是とする発言である。

天皇の言葉に感激し、ソビエト・ロシアの離婚の扱い方に賛成するとともに、膨張する軍事費に重苦しい納得しがたい思いを抱く、という相互に矛盾するとも言える思いがらいてうの心の中に奇妙に併存していると言えよう。らいてうの視点は動揺し、思いには迷いが見える。

一九三七（昭和十二）年

七月七日の盧溝橋事件勃発の後、『女性展望』十月号で「われら何を成すべきか？」のアンケートに答えて、らいてうは「出征兵士家族の生活擁護」を最初に訴え、最後に「今時事変の目的が日支の親和、東洋の平和にあることを教え、支那人を敵視したり、軽蔑したりする感情を子供の心に植えつけないこと」（6-250）を言い添えている。同じ国に住む仲間が家を離れて死に直面せざるを得ない戦場へ赴くことを気づかいつつ、一方、隣国中国との友好を願い、現在の戦闘状態については、平和をもたらすための戦いとの認識に基づいて書いている。好戦的景色は毛頭見えないとはいえ、十年前の確固とした状況把握に基づく「支那民衆の解放」を願う熱のこもった論調とは大いに異なっている。事件勃発という事態を「日支の親和」のためと、らいてうはこの時受け取っていた。

同年十月号の『輝ク』に、岡本かの子が「わが将士を想ふ言葉」を書いている。「出征軍人将士となりたまふ時、日本男子は既に神なるを感じる。〔中略〕唐土の野に粛々と進み〔中略〕神の光を放つ。〔中略〕何故に戦ふかを問ふはすでに人類中の閑人である。〔中略〕勝こそよけれ〔後略〕」

それを受けて十一月号にらいてうは書く。「岡本かの子さんの出征将士を想う散文詩を拝誦し、事変以来、皇軍勇士の心境に神を見、彼等が現人神にましますす天皇陛下に、帰命し奉ることによって、よく生死を超越し、容易なことでは到達し得ない宗教的絶対地に易々としてはいっていることにひどく感激していたわたくしは、ようこそ言って下さったと、まことに同感至極〔中略〕天皇陛下の万歳を唱えて死ぬときも笑って死ぬというのも本当でしょう。陛下の御《み》稜威《いつ》のもとにおのずから大悟の境に安住し得る日本人は、思えば何という仕合せな国民なのでしょう」

ここには、現人神天皇に帰命し宗教的絶対地に入り笑って死ぬ皇軍勇士に神を見て感激するらいてうがいる。何のための戦いかを問うことを放棄し、戦いの意味を天皇に預ける姿がある。らいてうの足場は、ここでは、軍国日本が担ぎ上げる天皇に掬われている。国家権力に対して、距離を置き、自分なりの判断で見聞きし考える、個人としての独自の足場をらいてうは失っている。

かの子の散文詩にらいてうは感応した。らいてうは感情的表出をあまりしない人だったが、かの子の散文詩に心を動かされ、珍しくらいてうの思いはここで極まっている。この時、らいてうの息子は間もなく召集令状が来る年である。息子と同じ年代の若者が、死を賭して戦地に赴く不安と緊張に震えながらも、何とか歯を食いしばり、身を律して進む姿は、らいてうを大きく揺さぶった。そこに日常を超えた「宗教的絶対地」をらいてうは見たのである。

坐禅修行を通して「心的革命」をなし「身心一如」「心身脱落」（I-210~211）を経験し、色紙に「生死一如」と書いたこともあるらいてうには〈生死を超越した宗教的体験・境地〉に対する特別な思い入れが大きかった。

高良氏もらいてうの「超越指向」について書いている。「若いころの禅の修行は〝無〟や〝無我〟へ向かって自己を超え、個人を超え、男女の性差をも超えることを彼女に可能にした。森田草平と心中行をしたころのらいてうは、個体の死を超越することができると本気で信じているふしがある」(前掲書、一四八頁)

出征する若者の表情に「宗教的境地」をらいてうは発見する。「皇軍勇士の心境に神を見」たのである。そうした「宗教的絶対地」をそなえて出陣する若者を、らいてうは無下に否定はできなかった。しかし、同時に隣国中国との和平を求める願いは強く、二つの思いは両立せず明らかに矛盾している。しかし、どちらの思いもらいてうの中に同時に在ったのである。

軍国日本に一体化したと受け取られても仕方がない『輝ク』での発言であるが、らいてうの気持が以後それ一色に染まったかというと、そうではない。

一九三八(昭和十三)年

前年のような「皇軍勇士」に関連する内容の文章は見られない。政治状況に触れた文章を書いてはいない。娘の結婚を迎える母の思いを綴ったり、その頃からいてうが凝りはじめた

「玄米菜食」を勧める話など、ごく身近なテーマに終始している。

一九三九（昭和十四）年

それまで国会で冷淡に扱われてきた民族優生保護法、人事調停法、乳幼児保護法等の福祉に関連した法案が「非常時」という時代状況を背景にして議会を通過したことに触れている。子ども、女、老人等の〝弱い者〟への配慮というよりも、〝強い兵士〟の確保を目論む国が組んだ福祉政策なのだが、それでもらいてうは肯定的にコメントしている。この時のらいてうには、人を「資源」として扱う考え方を批判的に捉える視点は見えない。

その他は、やはり身辺についての文章が並んでおり、社会状況に関連した発言は見えない。当然中国大陸での戦況報道は為されていたはずだが、らいてうはそれに触れてはいない。一九三七年に皇軍勇士に神を見て思いは一時高調したが、それ以後らいてうは意外に冷めた思いでいたようである。

一九四〇（昭和十五）年

先に書いたように、総理大臣近衛文麿に「日本民族の新しい夢」を「示して下さい」という、主体性を失った消極的・依存的ならいてうの発言が為されたのはこの年である。折しも皇紀二千六百年であり、日本中が祝賀に沸いた。らいてうは十一月号の『輝ク』に「紀元二千六百年頌」を載せ「一億のいのちはただひとすじに大君に帰一し大御心の顕現に翼賛しまつることのかしこさ」と書いている。高群逸枝も皇国史観にたち『女性二千六百年史』をまとめているが、その書評でらいてうは「どの方向に、われわれ日本女性の本然の生命力を、伸ばしていったならいいものか」(6-317) を示すものと評価している。

一九四一(昭和十六)年

「中国の若き女性へ」と題して前年十一月三十日に締結された汪兆銘政権との「日支新条約〔日華基本条約〕」について、らいてうは書く。「日支永遠の堅い握手」「東亜の新秩序、更に全アジアの独立解放」と述べ、「アジアをいつまでも支配しようとする白人国」という表現も交えて「アジアがアジア人のアジアとなり、全アジア民族が共存共栄の、一家のように楽しい平和な世界を創生するまで」と喜びを表明する(『輝ク』昭和十六年二月十七日)。しかし、イギリス、アメリカ、ソビエト連邦、オランダ等々の国々は汪兆銘政権を傀儡政権でしかないとして承認していない。こうした国際状況を、どの程度らいてうは確認していたのだろうか。実際、この「日支新条約」は「平和な世界の創生」につながるものではなかったのだが、らいてうは中国大陸に日本軍が展開することが、日中の平和友好につながったと、この時は手放しで喜んでいるのである。

この年二月に父・定二郎は急逝し、五月に「亡き父を偲びて」をらいてうは記している。この内容についての検討は後に触れたい。

らいてうの動揺——一九三〇年代

以上、一九二八（昭和三）年から一九四一（昭和十六）年までの十四年の経過を見てきたが、そこから読みとれるものを、次にまとめて考えてみたい。

中国について

第一次世界大戦後の一九二一（大正十）年に「生命の尊重者であり、平和の熱愛者である婦人」（3-229）と書き「軍縮」を主張するらいてうには、一貫して好戦的な思いはなかった。一九二八（昭和三）年には日本の中国に対する「帝国主義的対支政策に絶対反対」（5-70）を表明している。しかし、一九三一年の満州事変以後、らいてうの発言は曖昧になり揺らぎが見えはじめる。中国との友好、平和を望む思いはらいてうに強かった。自国が中国において軍事的な衝突を起こしたことを困った事態と受け止め、当惑していたのであろう。中国大陸での日本軍の展開を中国での良からぬ分子を討ち「日支の親和、東洋の平和」をもたらすための戦いであるとの政府筋の喧伝に、らいてうは影響されていたと思われる。日中間の戦闘が早く収まることを願いつつも、中国への日本の軍事的進出を明確に批判する視点が、らいてうによって出されることはなかった。

らいてうの文章は、次第に困惑したような、歯切れの悪いものとなり、迷いがあらわれる。盧溝橋事件の後には出征兵士の家族を気づかう発言とともに、中国での戦闘が「日支友好のための戦い」という見方がはっきりと表明される。一九四〇（昭和十五）年の汪兆銘政権との日華基本条約締結がもたらされると、それを「日支永遠の堅い握手」と言い喜びを表す。汪兆銘政権が日本の傀儡政権であるということを、らいてうは認識できなかった。実際、この条約締結はアジアの平和にはつながらなかった。今日から見れば、らいてうが国際情勢を判断する眼は、その時、明らかに曇らされていたのである。

日本と中国との関係についてのらいてうの認識は、一九三〇年から四〇年の十年間に、大いに揺れ、動いた。らいてう自身が拠って立つ足場の揺らぎであった。それが一九四〇年の「示して下さい」という他律的な発言につながったに相違ない。

祖先について

「祖先を語る」（5-316）をらいてうが書いたのは一九三二（昭和七）年四十六歳の時である。そこで、「先祖崇拝、家族制度」に反抗して起った二十代の自分が、年とともにいつしか心は祖先に向かい「祖先は我の過去であり、我は祖先の延長である」という思いとなり「祖霊を拝むこと」も自然となったと語る。

「自分というものが単独でこの世の中にとび出してきたもののような気持」（5-316）でもってあくまで「個」としての自己を主張した青鞜時代であった。それから二十年を経過して、らいてうの思いは父母とのつながりの振り返りに始まって、家の歴史に広がる。さらに同時期「天照大御神に、その生き通しでいられる天皇」（6-330）という記述も見られ、遠く神話の世界までのつながりを感じているかのごとくである。

一九四〇年という年は「紀元二千六百年」にあたる。この時、軍国日本は天照大御神につながる天皇を戴く神国としての日本を宣揚することに力を入れていた。あくまで「個」としての自分を尊重し、主張してきたらいてうであり、それまでは、らいてうの姿勢は国家権力からは距離を置いた足場を獲得し保持していたのであったが、らいてうの思いは定まらず、自立的な足場を失いはじめたと言わねばならない。

この時期のらいてうの発言は相互に矛盾しているかに見える。「天照大御神に生き通しでいられる天皇に絶対帰一」という発言は、軍国日本のファッショな政権運営と「大東亜共栄圏」

構想につながる軍事展開を全面的に肯定しているようにも見えるが、必ずしもそうではない。同時に、らいてうは隣国中国の「解放運動」を支持し「国際平和」を求め、議会制度を尊重して「選挙粛正」も主張するのである。隣国中国との友好的関係を望み、大陸での軍事衝突の早期収束を願い、反戦、軍縮を希望する思いは強く、らいてうは当時の日本政府の主張する「大東亜共栄圏」構想に参加・協力する気持にはならなかったことも、一方の事実である。当時のらいてうの発言は相互に相矛盾する多くの面を併せ持っていた。

高良氏も次のように書いている。「らいてうの思想にはいくつかの系があり〔中略〕自我主義、個人主義、神秘主義、女性主義、母性主義、優生思想、議会主義、自由主義、民主主義、平和主義、無政府主義、天皇賛美、生命主義などである。〔中略〕それらの思想相互のあいだに矛盾があるため〔中略〕「現人神にましますす天皇をいただき」などといってしまえば、軍国主義や靖国的母性主義もすべてを積極的に肯定したにちがいないと考えるのが普通だが、決してそうではない」（前掲書、一三〇頁）

天皇について

『青鞜』以来のらいてうの文章には、長いこと「天皇」は登場しなかった。天皇の存在は、らいてうには考察、論評の対象にしばらくならなかったのである。『著作集』全七巻を通して読むと、天皇がらいてうの文章に最初に登場するのは一九二九（昭和四）年に一つ、次いで一九三五（昭和十）年には二つの文章に天皇が現れるが、どれも天皇が論の中心ではない。

一九三六（昭和十一）年には、二・二六事件を収め、国民全体の一致を主導しようとする天皇の言葉にらいてうはいたく「感激」し「天皇に帰一し奉ることのできる国に生まれ合わせた幸福」を述べる。これが天皇を賛美する言葉の初めであった。翌一九三七年にも「皇軍勇士の心境に神を見」「現人神にまします天皇陛下に、帰命し奉る」と書く。宗教的感性に優るらいてうは、戦場に向かう兵士に「宗教的絶対地」を見出し、感動した思いがここには表明されている。その他一九四〇年の「日記抄」（6-330）「紀元二千六百年頌」、一九四一年の「亡き父を偲びて」（6-335）でも天皇を賛美する発言は続く。

好戦的な意図はらいてうにはなかったが、盧溝橋事件をはさむ一九三六年から四一年に、こうした天皇賛美の言葉を発表することは、軍国日本の政策にまさに呼応するものとなっていたと言わねばならない。この発言が、当時、戦意高揚を盛んに図る国家の意図に荷担する結果につながったことは否定できない。

しかし、戦意高揚をらいてうが望んでいたわけではなかった。こうした発言が以後継続するわけではない。むしろ、戦争遂行の勢いをますます増強しようとする当時の国家の姿勢とは違って、らいてうには隣国中国との友好的関係と平和をあくまで求め希望する思いが強かったことも確かである。らいてうの思いは、日中戦争最中のこの時期、大きなジレンマの中にあった。同じ国土に生活する仲間が中国大陸における戦闘に命をかけているという現実と、中国の人々との友好平和を願う思いの葛藤は深まる。そうした葛藤を止揚し得ない中で、らいてうの足場はぐらつき、近衛首相に「示して下さい」と判断をゆだねるような一九四〇年の発言につながったと言えよう。

もう一つ天皇について触れた文章が一九四一（昭和十六）年五月にある。この年二月にらいてうの父・定二郎が急逝したことをうけて書いた「亡き父を偲びて」でらいてうは記している。

「父は、朝ごとに、口を漱《すす》ぐと、必ずまず天孫降臨の折のあの御神勅と明治天皇の御勅語を大声をあげて、奉読していました。〔中略〕こういう父ですから、皇室を尊び、天皇陛下にひたすらに帰一しまつる純忠の念の深さは、このごろになってようやく日本の国体のありがたさが感じられ、天皇陛下が天照大神の生き通しの神でいられることが首肯《うなず》けてきたようなわたくしなどには、まだまだ想像も及ばない」（6-342）（傍線は筆者）

父の死に直面して、亡くなった父とのつながりを確認することで、欠落感を埋め父の死という現実を受け容れようとする心理的な〈喪の作業〉の最中の文章である。何とか父の思いに近づきたいという気持が昂ぶっていた。父の死を悼み、父との絆を確かめるように、父の尊崇する天皇を身近なものとして納得しようとするらいてうの思いが、この文章には見て取れる。

『著作集』六巻の米田氏の解説によると傍線の部分は「らいてうの遺品の中にあった切り抜きでは、おそらく戦後の加筆であろうが、読みとれないほどに抹殺してあった」（6-422）という。一度は「国体のありがたさ」と書きはしたものの、らいてうの心の中には、納得し得ない思いが潜在していたのであり、父の死から時間が経過するとともに、その思いが浮上して原稿を訂正せずにはいられなくなったのであろう。

なお、米田氏はこれを「おそらく戦後の加筆であろう」としている。しかし、執筆の切り抜きをらいてう自身が消したということは、天照大神の生き通しの神である天皇を戴く国体に対する納得しがたい心が、部分的にしろ、原稿執筆当時にも、らいてうの心の中に保有されていたことを示しているのではないだろうか。このことがその後、きわめて早期の疎開生活をらいてうに決断させる一因をなしていたと筆者は受け取っている。

らいてうの選択――迷いの後の「早期疎開」

動揺と、迷いと、もがきの十年

「宇宙をつらぬく大きな生命と一つとなって生きる」女性であり、夫・娘・息子と暮らす妻であり母であったらいてうは、第一次世界大戦において、世界の数多の夫や息子が戦場にかり出され大量殺戮される現実を目の当たりにして、何としても戦争に反対しなくてはならなかった。戦争に反対する姿勢は、らいてうの基本となる。

第一次世界大戦後の一九二一（大正十）年に「全人類が要求」している「軍縮」という希望が、軍縮会議に参加する各国の「国家的利己心」の前に頓挫する様を見て、らいてうは「少なくとも現実の国家は我々人類の敵だ」（3-238）と気づき、自分たちは「世界民」「宇宙民」であると主張した。その時、らいてうは国家主権の拘束を外れ、より広い世界に自分の足場を据える独立した「個人」であり、国家を離れた自己の主体をもっていた。一九三〇（昭和五）年に「少数資本家が多数労働者を搾取し、富を独占し、多数者を永久の貧困に陥れる」「現在のこの資本主義」という「経済組織そのものの根本的建て直し」（5-179）を主張した時も、らいてうは同様に主体的立場を保持していたと言えよう。しかし、一九三一年の満州事変以後、自分の国が隣国中国で戦線を展開する時期に入ると、らいてうの足場は動揺する。

らいてうには中国の「解放運動」を支持すると同時に「国際平和」を求める思いが強かった。一方、中国の戦場に自分の郷里の者が、しかも息子と同世代の若者が次々に召集され命をかけ戦場に身をさらす事態を目にして、らいてうの思いは揺らぐ。らいてうは葛藤し、動揺する。社会的・政治的状況を捉える目は曇ることとなり、らいてうの発言には揺らぎが生ずる。

一九四〇（昭和十五）年に「日本民族の新しい大きな夢を〔中略〕示して下さい〔中略〕行動

の目標、向かうべき方向を〔中略〕明示して下さい」（6-329）と首相近衛文麿に求めた時、らいてうの足は主軸を失い、主体は傾《かし》ぎはじめていたと言わねばならない。自己の足場を自身が主体的に選ぶことに迷いが生じ、自分の夢を育てることを放棄して、国家権力に頼り、近衛首相の示す「夢」に何とか同一化することで、己の位置を確認しようとする他律的な姿勢がそこには見える。「大政翼賛」を促す同調圧力が増大する世情の中、らいてうは追い込まれていた。そこに至るまでの、らいてうの「動揺と、迷いと、もがきの十年」の経過をすでに見てきた。

近衛内閣は「大東亜新秩序建設」を国是とする「基本国策要綱」を閣議決定し「大政翼賛会」を組織することを進める。軍国日本の「夢」は提示され、活動指針は示された。それに対して、らいてうはどのように対応したのだろうか。

公的役職就任に関して

先にも引いた米田氏の『著作集』六巻の解説（6-428）によると、一九三八年から四一年にかけて、山田わか、羽仁もと子、河崎なつ、高良とみ、市川房枝、奥むめお、羽仁説子等の、かつてらいてうと活動を共にした仲間や顔見知りが、国民動員省といわれた厚生省中央社会事業委員や、大蔵省、商工省や、国民精神総動員運動中央連盟、大政翼賛会等々の組織の委員や役員に就いていている。一方らいてうは、一九四〇年十一月に「紀元二千六百年頌」において「大御心の顕現に翼賛しまつることのかしこさ」と書きはしたものの、自身こうした翼賛的組織の役職に就いてはいない。らいてうの娘・曙生《あけみ》は「たぶんお呼びがなかったのだと思います」(6-430)と米田氏に語ったようだが、お呼びがかかったのか否かについては、不明である。

かつての仕事仲間が次々に翼賛的な組織に登用されていくことを耳にする時、らいてうの迷いは深まったと言えよう。国家権力が提示する「夢」を我が夢として、戦争をますます拡大しようとする政府を支える組織に就き、働くことを、自分がするのか、らいてうは考えねばならなかった。中国との友好平和を願う思いを抱く自分が、中国との戦線を拡大させ続けている政府の意図を受けた翼賛的組織における仕事を、負うのか、引き受けるのか、そうした立場で具体的に与えられた役割を遂行するのか、という判断を迫られたのである。

こんな時期の一九四一年二月に、父・定二郎が急逝する。五月に書いた「亡き父を偲びて」は、疎開前の最後のまとまった原稿となった。この年十二月に真珠湾攻撃となり、それから間もない翌年三月には、らいてうは茨城県戸田井へ疎開したのである。結局らいてうは公的役職には就かなかった。

以後らいてうは筆をほとんど執らなくなる。疎開した五年間に書かれた原稿はわずか七編だが、その中に「天皇に帰一する」に類いする言葉は見えない。戸田井への疎開を決断したことはらいてうが翼賛的な組織に組み込まれることを回避させた。同時にらいてうは書くことも断念することとなる。

筆を断つ決断——「沈黙」の疎開生活

『自伝』には次のようにある。「すでに言論、行動の自由は昭和十六年十二月八日の日米開戦以前から奪われ、日を追っていよいよ強まる一方の戦争協力体制のなかで、わたくしはものを書く意欲を失い、自分がこの先あくまで権力に抵抗しぬいてゆける自信も、あやしくなってきました」（IV-18）

これは戦後の記述であり、疎開当時らいてうの気持がこれほどスッキリ整理されていたかどうか、それはわからない。しかし、日本本土の上空に敵の飛行機が飛ぶということは、まだほとんどの人が想定しない頃の唐突なごく早期の疎開をらいてうは実行する。

疎開した茨城県戸田井は、常磐線取手駅から二里ほどの片田舎であり、取手駅までを結ぶ当時の木炭バスはしばしば止まったという。取手まで買い物に出るには「モンぺばきで歩くのが例」（IV-28）となっていたというから、片道二時間はかかる。

大きな決断であった。らいてうにとって、都会を離れ、筆を折るということは、生活の基盤を失うということである。『青鞜』に関わって以後、らいてうは自分の思いを筆にすることが己の為すべき「仕事」であると受け取り、執筆に打ち込んできた。それは自己確認の場であり、自己実現を追求するための手立てでもあった。精神的な意味だけでなく、具体的、経済的に、らいてうはそれまで原稿料を得て生活を支えていたのである。他の勤めで稼いだ経験はなかった。夫・博史は画家だが絵はほとんど売れなかった。らいてうは書くことで社会的に認められ、人との関係を作り、保ち、社会的な立場を築いてきた。筆を執らなくなることは、これらすべてを失うことになる。それは、それまで作り上げてきた生活を根底からなげうつことである。全く非連続的な変身である。

唐突な、非連続の変化であるということは、ある意味、きわめて主体的な決断であったと言えよう。時の権力の描く「夢」にすり寄ることを放擲して、社会的な周囲の意向に囚われることなく、都心を離れて、らいてうは自分なりの新たな生活を作ることとなる。

米田佐代子氏はこの戸田井への転居を「緊急避難」と捉えている（「新資料が語る「戦争の時代」とらいてう——一九四二年の「疎開」をめぐって」『紀要』七号、二〇一四年、二二頁）。らいてうの疎開の選択は、確かに明確な主張や政治的・社会的判断に基づいた行動選択とは言えないようである。しかし、疎開とともに経済的困難を伴うに違いない「筆を断つ」覚悟をらいてうはしたのである。田舎に転居し、筆を断つことで、それまでの社会的緒関係から離れることを、らいてうは選択した。それは「動揺と、迷いと、もがき」の中で行き詰まっていた自己を断ち切ることとなった。戸田井での新たな生活は自己を振り返る機会をもたらすこととなる。

何もかも「新たな体験」

真珠湾攻撃から三ヶ月後、一九四二年三月にらいてうは疎開を実行し、筆を断つこととなる。それまで住んでいた成城の家を人に貸すことで得られるわずかな家賃しか収入はなくなった。生活を支えるためには自給自足的な生活をするしかない。「都会の女流文筆家」から「田舎の百姓女」への変身である。それまでしたことのなかった畑仕事に毎日汗を流す生活に伴い、らいてうの「からだ」が変わってくる。「特別に小さかったわたくしの手足がこれで育ち、八文だった足袋が八文半でなければはけなくなり、それがやがて九文でちょうどよくなり、手袋も今までのように、子供用のものでなくてもよいように」（IV-27）なった。

らいてうは「自家中毒の持病持ち」であった。新婦人協会時代、女性の政治的活動をすべて禁止する「治安警察法」改正のための国会への請願運動で、夜討ち朝駆けの国会議員説得に取り組んだ時、体調を崩す。以後らいてうは「猛烈な頭痛と吐気」の発作に二十年来、繰り返し苦しめられていた。何人もの医者に診てもらっても一向に改善せず西洋医学の医者には全く失望する。医者に頼らず、この「持病」に何とか自身で対処しようと一九三八―三九年に取り組みはじめたのが「食養」と「掌波療法」であった。「食養」は玄米食を中心とした菜食主義である。らいてうは終世玄米食を継続することとなる。戦後一九五三（昭和二十八）年には、桜沢如一の「食養」の道場に一ヶ月泊りがけで出かけている。「掌波療法」とは患部に直接手を当てることで、手に感じる特別な感覚を通して改善を図る民間療法である。この種の手技は世界各地に見られる。有名なのは中国の「気功」であり、日本では野口整体の「愉気」であろう。「掌波療法」は「レイキ」の流れを汲む治療法である。この二つの療法によって、らいてうの「持病」は改善し発作の回数は減ったが、それでも完治はせず、戦後にも苦しんでいる（奥村直史「らいてうと「からだ」――持病の自己管理を通して」『紀要』五号、二〇一二年）。こうした民間療法に頼るらいてうを、「いかがわしい」と言い、「神秘主義」と関係づけて眉をひそめる人もいるが、一方、こうした手技にこだわるらいてうを好意的に受け取り、興味を示す人々の声も耳にする。

「疎開」に伴って、らいてうはそれまでの東京で過ごしてきた「日常」から離れて、今までとは違った新たな生活スタイルを実行することとなる。原稿執筆を離れ、それまで未経験の農耕生活に取り組むと同時に、玄米菜食を実行し、自分の体に自らの手を当てることを通して、頭痛や吐気をはじめとした病との闘いに取り組むという、多面にわたった「新たな体験」を試みる生活となった。加えて「俳句」が口をついて出ることも始まった。娘時代にいくつか俳句を投稿したことはあっても『青鞜』に参加してからは、筆を執るのは評論やエッセイの原稿ばかりであり、俳句からは三十年ほど全く遠ざかっていた。戸田井での手帳には俳句が並んでおり、それ以外は近くの農家の人に教わった苗の植え方、育て方や、味噌の仕込み方等の備忘のためのメモ程度である。敗戦後一九四七（昭和二十二）年に東京成城に帰ってから、中村汀女の主宰する月例句会に参加している。俳句の内容はほとんどが戸田井での身の回りの自然詠である（奥村直史「平塚らいてうの俳句の検討―疎開時代の理解のために」『紀要』八号、二〇一五年／奥村直史「中村汀女と平塚らいてう①〜⑳」『風花』七四六―七六五号、平成二十七年六月―二十九年一月）。

東京での書斎における原稿執筆という三十年間続けた「日常」からは大きく離れ、異なった戸田井での生活であった。これほど多面にわたる種々の生活変化がもたらされた原因はどこにあるのであろうか？

らいてうには日記を書く習慣はない。例外的に一九四一（昭和十六）年に半年書いているが、これは疎開する前の年である（奥村直史「「昭和十六年日記」に記された平塚らいてうの思い」『紀要』九号、二〇一六年）。原稿をほとんど書かない戸田井での生活を直接伝える資料は乏しいが、次のように考えることはできるのではないか。

戦災を避けるための疎開という意味だけではなく、らいてうは今までの生活を断ち切らざるを得なかった。一九三〇年代の「動揺と、迷いと、もがきの十年」、らいてうは筆を鈍らせただけでなく、生活全般も停滞していたにちがいない。徐々にそれまで通りの「日常」の継続に困難が生じ、らいてうは行き詰まりを感じはじめていただろう。そうした閉塞感からの脱出として疎開が選ばれた。新たな地では、それまでとは違った生活スタイルが試みられた。それまでの「日常」から離れ、全く異質な生活を体験することを通して、迷いを打ち払い、新たな展開を求めたと言えよう。それは決して、明確な見通しをもった自覚的判断とは言えないものだったかもしれない。しかし、それ以前のままの生活を維持することが難しくなり、今まで通りではいられなくなった時、らいてうの意識の底にある「無意識」がそれまでの生活を離れ、今までとは違った新たな体験を求めさせた。それがごく早期の疎開という選択をもたらしたのではなかろうか。

「都会の文筆家」のらいてうは迷い、動揺が続いていた。「田舎の百姓女」に変身することで、社会的には閉ざされた狭い生活ではあったが、らいてうは比較的安定した穏やかな生活を得ることができたと言えよう。それは、それまでの自己を振り返る機会をもたらした。

らいてうの再出発——敗戦後

新憲法に勇気づけられて

戸田井に越して三年半、一九四五（昭和二十）年八月十五日、敗戦を迎える。敗戦時の思いについて、当時、らいてうは何も書き残していない。後年書いた『自伝』でも「終戦の詔勅を読まれる陛下の声が、なんとも不思議」（IV-50）と書く程度で、敗戦という事実をどのように受け止めたかについて直接触れたものは残されていない。新婦人協会を共に担った市川房枝は、直後の十一月に「新日本婦人同盟」を起ち上げ婦人有権者の政治的啓蒙運動に動くが、参加を促されてもらいてうは「短いメッセージ」を送るだけで戸田井を動かずにいる。『青鞜』以来、個人的、社会的、政治的問題意識を活発に展開し、外に向かって表明してきたらいてうであった。しかし戸田井でのらいてうは、小さな個人的な世界を維持する生活で手いっぱいだった。視野は外には向かわなかった。敗戦に直面してもらいてうの心は閉じたままであった。成城の家は戦災を逃れたが、借家人が出ないこともあって、らいてうは戸田井の生活をしばらく続けている。

『自伝』は戦後十数年たって書かれたものだが、その頃の思いを次のように書いている。

「ポツダム宣言の指し示す日本の「民主化」そして「非軍事化」の条件はうれしいことにちがいありませんが、占領軍によって婦人参政権が与えられるであろうという予測は、わたくしにとって、相当大きな衝撃というほかありません。〔中略〕参政権が突如として、わたくしたち女性の手の上に、向こうから落ちてこようとしている〔中略〕わたくしの胸には、久しく求めて得られなかったものが与えられた喜びとともに、ただ素直に喜びきれない深い感慨が、ひとしきりつかえたことはいなめないのでした。〔中略〕東京に急いで帰らねばならない仕事が、ひ

あるわけではありません」（IV-51~54）
敗戦に伴う社会的動きに一面で喜びながらも、なお納得しきれない思いは大きく、らいてうには自分が担うべき「仕事」は見出せず、動き出すエネルギーは湧いてこなかった。今ひとつ晴れない気持のまま戸田井に閉じこもる生活は続く。しかし、一九四六（昭和二十一）年六月に新しい「憲法草案」を見て、らいてうの心に久しぶりに陽が差すこととなる。
新憲法の十四条（法のもとの平等）、二十四条（婚姻は両性の合意）を確認して、らいてうは「旧来の女性の隷属生活を、女性に対する差別、偏見を根底から一掃し〔中略〕婦人問題の大半が解決の方向を見出」したと大いに喜ぶ。しかし「女性のみの特殊権利の面ではなお大きな問題が残」（IV-56）ると残念な思いも大きかった。次の世代を創り出す「出産、育児」を母親個人に背負わせるのではなく、社会全体で保障することをらいてうはずっと求めていたのである。
とはいえ、それ以上に九条（戦争の放棄・戦力の不保持・交戦権の否認）を眼にしてらいてうは「わたくしの久しい夢の実現」だと感激する。一九二〇（大正九）年に新婦人協会において日本最初の婦人参政権運動を組織的に展開するにあたって「いっさいの生命を擁護し、戦争を防止し、世界平和を保持するために」と、らいてうは書いていた。その思いが憲法九条に通じているると、らいてうは喜び「東京へ帰りたい、こうしてはいられないといったおもいが、ようやくわたくしの胸に動きはじめた」（IV-62）と振り返っている。

一九四七（昭和二十二）年に五年ぶりに東京世田谷の自宅へ戻ったらいてうは、あらためて自分の「生活の根」を確認することから出直す必要があった。最初に触れた「神の分霊《わけみたま》としての自己」の確認である。同時に「平和問題」の研究に取り組む。「戦争の原因は何なのか――これをはっきりつかまなければ、平和運動の具体的プランは立ちません。非武装国日本国の女性として、平和への大きな使命を感じれば感じるほど、この大きな課題をめぐり、わたくしの心は行きつ戻りつさ迷いながら、ひたすら探求する一時期をすごし」（IV-67）、「核戦争の脅威下で人類の安全と繁栄ということを考えるとき、世界恒久平和の実現のためには、国家主権を制限する世界連邦政府以外にない」（IV-72）と思い至る。この考え方は終世変わらないが、らいてうは日本での運動の進め方に関して違和を感じ、後に運動体からは距離を置くこととなる（米田佐代子「平塚らいてうの戦後平和思想とその実践――自筆メモ『世界連邦運動』を読み解く」『紀要』八号、二〇一五年／米田佐代子「平塚らいてう『戦後日記（1953-58）』を読む―『湯川秀樹日記（1945）』との接点」『紀要』十一号二〇一八年／「平塚らいてう『戦後日記（1953-58）』」『紀要』十二号、二〇一九年）。

一九三〇年代の自身の動揺した発言について直接振り返った文章をらいてうは残してはいない。しかし、戸田井での五年の「沈黙の百姓女」の生活を通して、らいてうは精神的余裕を取り戻し、以前の自分の思いを静かに振り返ったに違いない。一九二〇年代に「地上の全人類が相愛相助の共同生活を営むことを望み」「世界民、宇宙民」（3-239）として「軍備縮小ないし撤廃」（3-237）を求める平和思想をらいてうは提言していた。それに共鳴する思想を「新憲法」に発見して、らいてうは勇気づけられ、力を得たのである。それとともに「非武装の平和主義」を具体化するための研究に伴い、かつて中国での日本軍の展開に反対しきれず、それを阻止し得なかった自己をらいてうは反省せざるを得なかった。その思いを一九五〇年以降らいてうは少しずつ表明する。

らいてうの十年毎の変身は戦後もなお続く。

一九五〇年「非武装の平和主義」

一九五〇（昭和二十五）年、らいてうは自ら発議し筆を執って「非武装国日本女性の講和問題についての希望要項」をまとめ、ガントレット・恒子、上代たの、野上彌生子、植村環とともに米国ダレス国務省顧問に提出する。ここで、らいてうは「全面講和によって、連合国のすべてから〔中略〕日本の中立が確認され、不可侵が保証される」ことを求める。さらに、中国とは「今後友好関係を特に保ってゆきたい」として、全面講和が「今日の国際情勢下において不可能な場合、われわれは早期講和を欲しない」と言い、「いずれの国の軍事基地をも、日本に置く理由と必要を失うことを〔中略〕期待し、念願」（7-101~102）し、「非武装の平和主義」

（7-103）を主張する（一九四頁参照）。そこには「夫や息子を戦場に送り出すことを拒否する」とも書き添えてあり、妻であり母である女性の立場からの思いが込められている。十五年戦争の振り返りと反省を通して得たらいてうのあらためての態度表明と言えよう。米田氏はこの「希望要項」をまとめることがらいてうの「戦争責任への回答」と評している（前掲『紀要』八号、四〇頁）。らいてうの足場は堅固さを取り戻した。きっぱりとした歯切れの良い文章が戻ってくる。この年米ソ対立の中「わたくしたち日本の女はどちらの陣営にも属しません。〔中略〕わたくしたちの敵は戦争です。ただ戦争だけが敵なのです」（7-103~104）と訴えている。

この「希望要項」は多くの社会的反響をもたらし、らいてうは急に忙しくなる。以後「日本婦人団体連合会」「国際民主婦人連盟」「世界平和アピール七人委員会」等の団体の役責をらいてうが担うことにつながった。

「過誤を反省」「愧《は》じる」

翌一九五一年らいてうは反省を込めて書く。「しずかに過去の日本の過誤を反省し、新しい試練に堪え、絶対平和主義に立って〔中略〕世界恒久平和の実現のためにわたくしたち日本の人民は生きましょう」（7-185）

一九五三年十一月三日に昭和天皇夫妻が主催する戦後最初の園遊会へ「婦人界の功労者」と

して招待される。らいてうは箱根で執筆中だったが「せっかくやってきた山の中の静穏な生活から、そんな晴れがましい場所へわざわざ出てゆきたいという気持になれず、とうとう失礼して欠席しました」(IV-164)と自伝に記す。一九三〇年代に「天皇に帰命する幸せ」と書いた時のらいてうの立ち位置からははるかに遠く隔たっている。

一九五四年、中国紅十字会代表李徳全の歓迎会挨拶文でらいてうは「日本女性が戦時中無権利で戦争を阻止できず中国人民に大きな被害を与えていたことを愧《は》じる」(『世界の婦人と日本の婦人』六号、一九五四年十二月)との思いを表明する。

「原水爆禁止」

一九五四年、諸婦人団体の人々と連名でアピール「全世界の婦人にあてた日本婦人の訴え――原水爆の製造・実験・使用禁止のために」(IV-181)を発表する。それが翌一九五五年ローザンヌでの「世界母親大会」開催につながり、以後「日本母親大会」は今日まで毎年継続されることとなった。

一九五六年十一月「奥村家の代々のみ霊を成城の家へお迎えする」とらいてうはノートに記す(「平塚らいてう『戦後日記(1953-58)』」『紀要』十二号、二〇一九年、四一頁)。

先に、一九三〇年代におけるらいてうの動揺が「中国」「祖先」「天皇」について特にあらわ

自宅近くでデモをする84歳のらいてう（1970年）

れたと書いた。一九三〇年代の発言と、五〇年代の発言を対比させると「中国」「天皇」についてのらいてうの立ち位置は、戦後大きく変わっている。しかし「祖先のみ霊」に対する敬虔な思いについては戦後においてもらいてうの態度は変わっていない。なおきわめて宗教性を重んじた生活であった。

「安保阻止」「ベトナム反戦」

一九六〇（昭和三十五）年、らいてうは「安保批准阻止全国婦人大会と行進」へ激励電報を発送する。

一九六七年には「民族の独立と自由を認めないでベトナムに平和はのぞめない」（『婦人公論』六月号）と訴える。

一九七〇年六月二十三日、八十四歳のらいてううは体調の不調をおして「安保廃棄」を訴えて成城の街を十五分ほどデモしている。らいてうが呼びかけて急遽集まった櫛田ふき（日本婦人団体連合会会長）をはじめとした十数名の小さな小さなデモであった。その後間もない八月三日にらいてうは入院することとなった。胆道癌であった。

一九七一年正月、病院から外泊して自宅に戻ったらいてうは色紙に書く。

命とくらしをまもる
みんなのたたかいの中から
平和な未来が生まれる
新しい太陽がのぼる

折しも『青鞜』発刊から六十年目にあたるその年の五月、らいてうは帰幽・永眠し、宇宙に遍満する「いのち」に戻った。

平凡社ライブラリー版　あとがき

「満州事変以後一九三〇年代、おばあちゃんは日本の社会状況をどのように考えていたの?」

祖母が生きている間に、そう尋ねてみたかった、聞いておきたかった、と繰り返し思った。十年前に、平凡社新書『平塚らいてう——孫が語る素顔』をまとめて以後、ずっとそう思っていた。一九三〇年代の祖母の幾つかの発言が、その他の時期の発言と質を異にしており、どうにも祖母の全体像の中に収まらないように思えたからである。

この十年、この疑問を解明するために色々考えてきた。遅々としながらも、なんとか少しずつまとめて毎年『平塚らいてうの会紀要』に投稿させてもらった。未だ完全とは言えないけれども、祖母がどのように十五年戦争を体験し、考えてきたかを私なりにまとめた。それが増補部分「平塚らいてうと「十五年戦争」——一九三〇年代の動揺を超えて」である。

今回の増補を含めて、八十五年の全生涯を通しての、私なりの祖母らいてう理解である。

「新書版」を出して以後、祖母らいてうについて話すことを求められる機会がいくつかあった。その度に、思った以上に多数の方々が集まってくださり、今なお祖母が多くの人の心のなかに存在し、生きており、語りかけていることを実感させられる。それに伴って、ありがたいことに、私の本を読みたいという声も耳にするのだったが、ここ二年ほど在庫が切れてしまっており、残念であった。

それが、今回平凡社ライブラリー編集部の竹内涼子さんが「増補版」を提案してくださった。『紀要』に書き溜めた十年分の原稿を限られた枚数にまとめることは大仕事であったが、改めて祖母の全体像を見直し、再確認する貴重な機会を作ってくださったことに大いに感謝します。

『紀要』への投稿だけでなく、「NPO法人平塚らいてうの会」の皆さんには多々お世話になりました。種々のシンポジウムや研究会、勉強会、さらには長野県上田市真田町にある「らいてうの家」での「体験学習会」等々の機会を通してたくさんの方々から、多くを学ばせていただいたことが、私の論考の下地を築いてくださいました。

特にらいてうの会会長の米田佐代子さん、副会長の折井美耶子さんには、資料の提供を含めて、多くのご示唆をいただきお教えいただきました。深く感謝します。

らいてう没後五十年の二〇二一年五月に

奥村直史

[特定非営利活動法人 平塚らいてうの会] http://raichou.c.ooco.jp/
〒一一二-〇〇〇二 東京都文京区小石川五-一〇-二〇 五階
電話・ファクス 〇三-三八一八-八六二六

[らいてうの家]
〒三八六-二二〇一 長野県上田市真田町長字十の原一二七八-七二〇
電話・ファクス 〇二六八-七四-一三八五
(五月—一〇月、土・日・月曜開館)

関連年表

西暦	年号	年齢	事項
一八八六	明治十九	0	二月十日、東京府麴町区三番町で父平塚定二郎、母光澤の三女として誕生
一八九八	三十一	12	東京女子高等師範学校附属高等女学校（通称お茶の水女学校）入学
一九〇三	三十六	17	日本女子大学校家政学部入学
一九〇五	三十八	19	初夏、日暮里の両忘庵に参禅、修行に入る
一九〇六	三十九	20	三月、日本女子大学校卒業
			七月、見性を許される（安名慧薫）
一九〇七	四十	21	五月、成美女子英語学校で開かれた閨秀文学会に参加、講師森田草平と出会う
一九〇八	四十一	22	三月、死を決して森田草平と塩原へ向かうが、捜索隊に発見される（塩原事件）
一九〇九	四十二	23	神田の日本禅学堂にて参禅
一九一一	四十四	25	九月、『青鞜』発刊に参加。らいてうのペンネームで「元始、女性は太陽であった」を執筆
一九一二	大正元	26	八月、茅ヶ崎南湖院にて奥村博史と出会う
一九一三	二	27	五月、初の評論集『円窓より』発刊と同時に発禁処分
一九一四	三	28	一月、家を出て奥村博史と共同生活

一九一五	四	29	十二月、長女曙生誕生
一九一七	六	31	九月、長男敦史誕生
一九一八	七	32	与謝野晶子らとの間に「母性保護論争」
一九二〇	九	34	三月、市川房枝らとともに新婦人協会結成、機関誌『女性同盟』を発行 「婦人参政権獲得」を目指し、「治安警察法第五条」修正の請願運動を起こす
一九二一	十	35	夏、健康を害し、千葉県竹岡海岸、栃木県佐久山等へ転地療養
一九二二	十一	36	二月、「治安警察法第五条」修正案両院を通過。婦人の政治集会への参加が初めて許される
一九二三	十二	37	春、帰京。千駄ヶ谷に転居 牛込区原町の成城学園に曙生入学　［九月　関東大震災］
一九二四	十三	38	敦史、肺門淋巴腺炎を患い、千葉館山の祖父定二郎、祖母光澤のもとで療養
一九二五	十四	39	千歳烏山へ転居、二人の子供は現在の世田谷にある成城学園に通学 博史は成城学園の美術の教員となる
一九二七	昭和二	41	東京府北多摩郡砧村喜多見＝後の世田谷区成城へ転居
一九二九	四	43	成城に消費組合「我等の家」を設立、理事長となる
一九三〇	五	44	高群逸枝らの無産婦人芸術連盟に参加
一九三三	八	47	『雲・草・人』刊行
一九三八	十三	52	国家総動員法成立に伴い、存続が難しくなり消費組合「我等の家」解散 「食養」を研究し始める

一九三九	昭和十四	53	「掌波療法」に出会う
一九四一	十六	55	二月、父定二郎、脳出血で急逝。享年八十三 八月、博史との婚姻届を提出、奥村姓となる　［十二月　太平洋戦争開戦］
一九四二	十七	56	二月、敦史が軍隊に召集される 三月、博史と二人、成城を離れ茨城県戸田井へ疎開
一九四四	十九	58	一月、敦史結婚
一九四五	二十	59	一月、孫直史誕生 四月、空襲で曙町の家焼失　［八月　太平洋戦争敗戦］
一九四六	二十一	60	十一月、日本国憲法公布。そこに戦争の放棄、基本的人権の尊重、男女平等があり感激、共感
一九四七	二十二	61	三月、成城の家に戻り、息子夫婦、孫と同居
一九五〇	二十五	64	六月、「非武装国日本女性の講和問題についての希望要項」をガントレット・恒子、野上彌生子、上代たの、植村環と連名でダレス米国務省顧問に手渡す
一九五二	二十七	66	七月、中国、ソ連を訪問した高良とみ帰国報告中央婦人集会に出席
一九五三	二十八	67	四月、日本婦人団体連合会結成、会長に就任 十二月、国際民主婦人連盟副会長就任の要請を受諾、就任
一九五四	二十九	68	九月、原水爆の製造・実験・使用禁止の「全世界の婦人にあてた日本婦人の訴え」を国際民主婦人連盟に提出、世界母親大会開催の原動力になる 十二月、母光澤死去。享年九十一

一九五五	三十	69	十一月、下中彌三郎の呼びかけによる「世界平和アピール七人委員会」発足に参加、以後、湯川秀樹らと共に数多くの「平和アピール」を発表
一九五八	三十三	72	成城町北西はずれへ転居
一九六二	三十七	76	新日本婦人の会結成にあたり代表委員となり、その後顧問となる
一九六四	三十九	78	二月、夫博史死去。享年七十三
一九六六	四十一	80	ベトナム戦争終結のため反戦を訴える平和カードの波運動を展開
一九七〇	四十五	84	七月、ベトナムに「母と子保健センター」設立の運動を呼びかける 八月、代々木病院へ入院
一九七一	四十六	85	五月二十四日、死去

参照文献

円地文子監修『近代日本の女性史8 自由と解放と信仰と』集英社、一九八一年
奥村博史『奥村博史素描集』平凡社、一九六四年
――『わたくしの指輪――奥村博史作品集』中央公論美術出版、一九六五年
――『めぐりあい』現代社、一九五六年
折井美耶子・女性の歴史研究会編『新婦人協会の人びと』ドメス出版、二〇〇九年
古在由重・小林登美枝『愛と自立――紫琴・らいてう・百合子を語る』大月書店、一九八三年
小林登美枝『平塚らいてう――愛と反逆の青春』大月書店、一九七七年
――『人と思想71 平塚らいてう』清水書院、一九八三年
――『陽のかがやき――平塚らいてう・その戦後』新日本出版社、一九九四年
佐々木英昭『「新しい女」の到来――平塚らいてうと漱石』名古屋大学出版会、一九九四年
築添曙生「母らいてうとの遠い日々」『いしゅたる』No.10「特集 母の肖像――『青鞜』の女性を偲んで」一九八九年春
――「五目ならべ」『いしゅたる』No.12「『青鞜』創刊八〇周年記念特集」一九九一年秋
築添正生『いまそかりし昔』りいぶる・とふん、二〇一一年
中嶌邦・小林登美枝『日本女子大学成瀬記念館・講演集6』二〇〇〇年

平塚　明『雲・草・人』小山書店、一九三三年
平塚らいてう『平塚らいてう著作集』全七巻＋補巻、大月書店、一九八三―八四年
――『平塚らいてう自伝――元始、女性は太陽であった』（上・下・続・完）大月書店、一九七一―七三年
――『平塚らいてう自伝――元始、女性は太陽であった』全四巻、大月書店、国民文庫、一九九二年
――『わたくしの歩いた道』新評論社、一九五五年
――『作家の自伝8　平塚らいてう――わたくしの歩いた道』日本図書センター、一九九四年
堀場清子『青鞜の時代――平塚らいてうと新しい女たち』岩波新書、一九八八年
米田佐代子『平塚らいてう――近代日本のデモクラシーとジェンダー』吉川弘文館、二〇〇二年
米田佐代子編『金いろの自画像――平塚らいてう　ことばの花束』大月書店、二〇〇五年
米田佐代子・池田恵美子編『『青鞜』を学ぶ人のために』世界思想社、一九九九年
らいてう研究会編『『青鞜』人物事典――110人の群像』大修館書店、二〇〇一年
らいてう研究会『らいてうとその時代を語る』二〇〇五年
「平塚らいてうと「青鞜」」『地域雑誌　谷中・根津・千駄木』其の二十五、谷根千工房、一九九〇年
『平塚らいてうの会紀要』創刊号、二〇〇八年／第二号、二〇〇九年／第三号、二〇一〇年、NPO法人平塚らいてうの会
「特集　新しい女・尾竹紅吉」『彷書月刊』弘隆社、二〇〇一年二月

増補・参照文献

平塚らいてう『平塚らいてう著作集』全七巻＋補巻、大月書店、一九八三―八四年
――『平塚らいてう自伝――元始、女性は太陽であった』全四巻、大月書店国民文庫、一九九二年
――「平塚らいてう『戦後日記（1953-58）』『平塚らいてうの会紀要』第十二号、二〇一九年

奥村直史「中村汀女と平塚らいてう①〜⑳」『風花』七四六―七六五、平成二十七（二〇一五）年六月―平成二十九（二〇一七）年一月
小林登美枝『陽のかがやき――平塚らいてう・その戦後』新日本出版社、一九九四年
高良留美子『樋口一葉と女性作家――志・行動・愛』翰林書房、二〇一三年
中村桂子『いのち愛づる生命誌』藤原書店、二〇一七年
らいてう研究会編『わたくしは永遠に失望しない――写真集平塚らいてう 人と生涯』ドメス出版、二〇一一年

『平塚らいてうの会紀要』NPO法人平塚らいてうの会
奥村直史「らいてうと「からだ」――持病の自己管理を通して」第五号、二〇一二年
――「平塚らいてうと「十五年戦争」」第六号、二〇一三年
――「平塚らいてうの俳句の検討―疎開時代の理解のために」第八号、二〇一五年
――「「昭和十六年日記」に記された平塚らいてうの思い」第九号、二〇一六年

――「『青鞜』発刊以前の平塚らいてう（明《はる》）」第十号、二〇一七年
――「平塚らいてうと「アニミズム」」第十一号、二〇一八年
――「らいてうの自己認識・世界認識」第十二号、二〇一九年
米田佐代子「新資料が語る「戦争の時代」とらいてう――一九四二年の「疎開」をめぐって」第七号、二〇一四年
――「平塚らいてうの戦後平和思想とその実践――自筆メモ『世界連邦運動』を読み解く」第八号、二〇一五年
――「平塚らいてう『戦後日記（1953-58）』を読む――『湯川秀樹日記（1945）』との接点」第十一号、二〇一八年

『輝ク』一九三七年十月号・十一月号、一九四〇年十一月号、一九四一年二月号、輝く会
『女性展望』一九四〇年八月号、婦選獲得同盟
『世界の婦人と日本の婦人』第六号、一九五四年十二月、日本婦人団体連合会
『婦人公論』一九六七年六月号、中央公論社

[著者]
奥村直史（おくむら・なおふみ）
1945年東京都世田谷区生まれ。1968年早稲田大学第一文学部哲学科心理学専修卒業。1968〜73年芳野病院、1973〜2005年国立精神・神経センター（現・国立国際医療研究センター）国府台病院に心理療法士として勤務。以後、東洋学園大学非常勤講師、千葉県浦安市メンタルヘルス相談員などを務める。1973〜2007年日本臨床心理学会運営委員。共著に『心理テスト——その虚構と現実』『心理治療を問う』（いずれも日本臨床心理学会編、現代書館）、『精神看護概論・精神保健』（メヂカルフレンド社）がある。

平凡社ライブラリー 918
平塚《ひらつか》らいてう　その思想《しそう》と孫《まご》から見《み》た素顔《すがお》

発行日…………2021年5月10日　初版第1刷

著者……………奥村直史
発行者…………下中美都
発行所…………株式会社平凡社
〒101-0051　東京都千代田区神田神保町3-29
電話　(03)3230-6579［編集］
(03)3230-6573［営業］
振替　00180-0-29639
印刷・製本……株式会社東京印書館
DTP…………平凡社制作
装幀……………中垣信夫

© Naofumi Okumura 2021 Printed in Japan
ISBN978-4-582-76918-0
NDC分類番号367.21　B6変型判(16.0cm)　総ページ328

平凡社ホームページ https://www.heibonsha.co.jp/

落丁・乱丁本のお取り替えは小社読者サービス係まで
直接お送りください（送料、小社負担）。